mit besonderem Dank
für Joseph Derksen,
meinem früheren Schulleiter
und Mentor

Hubert Göbbels

KAUM ZU FASSEN: SINNGEHALTE

Literatur mit praktischer Philosophie

Unterrichtsmaterial zu Geschichten von
Wolfgang Borchert und O. Henry

und ein eigener autobiographischer Text

Ein kleines Lesebuch,
nicht nur für die Schule

www.tredition.de

Umschlagfoto: Hubert Göbbels; Idee: Christiane Göbbels; Fotobearbeitung: Karsten Göbbels; Teilaufnahme einer Plastik (Franziskusdarstellung) von Michael Franke

Verlag: tredition GmbH, Hamburg
ISBN: 978-3-8495-0356-7
Printed in Germany

Bibliografische Information der Deutschen Nationalbibliothek:
Die Deutsche Nationalbibliothek verzeichnet diese Publikation in der Deutschen Nationalbibliografie; detaillierte bibliografische Daten sind im Internet über http://dnb.d-nb.de abrufbar.

Inhalt

Vorwort

Die hier vorgelegte Schrift mit Unterrichtsmaterialien möchte Anregungen für die Erschließung von vier Borchert-Texten und eines Textes von O.Henry geben und dabei auch erzieherische bzw. ethische Gesichtspunkte berücksichtigen. Diese Intention sollte mit dem Untertitel „Literatur mit praktischer Philosophie" zum Ausdruck kommen.

Der Buchtitel will andeuten, dass Texte in den Blick genommen werden, die von unvorhergesehenen Ereignissen oder bedeutsamen Veränderungen im Leben von Menschen handeln, von Ereignissen, die „kaum zu fassen" sind und dazu motivieren, sich mit den dargestellten Figuren, deren Situation oder deren Schicksal auseinanderzusetzen und den Sinngehalt der Texte zu erschließen.

Neben Inhaltsangaben zu den einzelnen Geschichten sind als Beitrag für die Erschließung der Kerngedanken und für die Diskussion der darin enthaltenen Wertfragen Interpretationsbeiträge und Zielbestimmungen für den Unterricht formuliert. Gedacht ist an die Behandlung einzelner Texte oder an die Durchführung einer Unterrichtsreihe mit einer Textauswahl im Literaturunterricht, im Fach Ethik oder (Praktische) Philosophie ab Klasse 9 oder 10. Die Grundidee dieses kleinen Buches wird im Folgenden erläutert, ebenso der Gedanke, weshalb Literatur mit praktischer Philosophie, mit „Philosophie fürs Leben", einhergeht oder einhergehen kann.

Bezogen auf die vier Erzählungen von Borchert ist die Abfolge so, dass zunächst eine Inhaltsangabe der jeweiligen Erzählung gegeben wird. Es schließen sich interpretierende Anmerkungen zum Text und mögliche Lernziele für den Unterricht an sowie in drei Fällen methodische Anmerkungen, zum Teil mit psychologischen Ergänzungen; bei der letzten Geschichte von Borchert erfolgt nur ein kurzer methodischer Hinweis. In einem Fall ist auch ein Vorschlag für ein Tafelbild oder eine entsprechende andere optische Präsentation wiedergegeben.

Bezüglich der Kurzgeschichte von O.Henry wird wiederum eine Inhaltsangabe vorangestellt; an Stelle von Zielformulierungen finden sich didaktisch-methodische Anmerkungen, die auch orientierende Fragen zur Erschließung der Kerngedanken des Textes enthalten.

Auf die Ausarbeitung von Unterrichtsverläufen ist bewusst verzichtet worden; diese Verläufe hängen immer auch von den konkreten schulischen Gegebenheiten ab. Mit den differenziert ausformulierten Zielangaben oder Orientierungsfragen sollte jedoch erreicht werden, dass der inhaltliche „rote Faden" für den Unterricht deutlich ist.

Am Schluss findet sich ein autobiographischer Text von mir, der nicht den Anspruch erhebt, Literatur zu sein; gleichwohl scheint er mir geeignet, zentrale philosophische Gesichtspunkte um den Fragenkomplex Tod, Sterben und Lebenssinn zu reflektieren.

Herrn Joseph Derksen, meiner Frau Monika, meiner Tochter Christiane Göbbels und meinem Sohn Christoph Ehlert danke ich für ihre hilfreichen Anregungen.

Februar 2013   H. Göbbels

8

1. Einleitung

1.1 Programmatisches

„Kaum zu fassen" sagt man zum Beispiel bei einem Ereignis, mit dem man nicht gerechnet hat oder durch das eine Wende im Leben eines Menschen eingetreten ist. Überraschende Ereignisse oder einschneidende Erlebnisse im Leben können dazu führen, dass man innehält und dass sich Sinnfragen aufdrängen. Der Sinngehalt der Situation erschließt sich jedoch nicht immer leicht. (Hans Thomae, 1960, spricht zum Beispiel in seinem Buch *Der Mensch in der Entscheidung* vom „Sinnhintergrund", der in Entscheidungsprozessen transparent werden kann).

Reflexionen über Bedeutung und Sinn von Ereignissen werden nicht nur angestellt, wenn man selbst Betroffene(r) ist, sondern auch dann, wenn Ereignisse um uns herum, zum Beispiel bei nahestehenden Personen überraschend beglückend oder schicksalhaft eintreten, und vielleicht fühlen wir uns angehalten, uns in die Lage der betroffenen Personen hineinzuversetzen.

Die Fähigkeit zum Nachdenken über unser Leben, über Sinn und Zweck unseres Handelns, über Glück, aber auch über den Sinn dessen, was uns und auch anderen Menschen schicksalhaft bedrückend oder verletzend widerfährt, ist eine sehr menschliche Fähigkeit, die aber entwickelt und gefördert werden muss, damit dieses Nachdenken differenziert erfolgt und möglichst realistisch bleibt und schließlich einfließt in ein selbstverantwortliches und soziales Handeln. Der grundsätzlichen

Fähigkeit zur (Selbst-)Reflexion entspricht eine Verpflichtung, die sich im Bildungsauftrag von Schule widerspiegeln muss. Sehr klar kommt diese Verpflichtung zum Beispiel im *Kernlehrplan Sekundarstufe I* für das Fach Praktische Philosophie in Nordrhein-Westfalen zum Ausdruck. Dort heißt es bezüglich der Aufgaben und Ziele des Faches:

„Zentrales Anliegen des Faches ist es, zur Entwicklung von Kompetenzen bei Schülerinnen und Schülern beizutragen, die sie befähigen, die Wirklichkeit differenziert wahrzunehmen und sich systematisch mit Sinn- und Wertefragen auseinanderzusetzen, sie bei der Suche nach Antworten auf die Frage nach dem Sinn menschlicher Existenz anzuwenden und in einer demokratischen Gesellschaft selbstbestimmt, verantwortungsbewusst und tolerant zu leben. Die Schülerinnen und Schüler entwickeln dazu Empathiefähigkeit und gelangen zu einem Wert- und Selbstbewusstsein, das verantwortliches Handeln begründet" (Ministerium für Schule und Weiterbildung Nordrhein-Westfalen 2008, S.9).

Was hat das nun mit Literatur oder Literaturunterricht zu tun? Wichtige Aspekte bei der Auseinandersetzung mit Literatur sind zum Beispiel die differenzierte Betrachtung des Verhaltens der dargestellten Figuren, das „Ausleuchten" der Situationen, in denen die Figuren handeln und die Auseinandersetzung mit Fragen, wie das Verhalten der Figuren bewertet werden kann. Für die differenzierte Betrachtung der Umstände, unter denen die Figuren handeln und für eine sensible Analyse der Reaktionen ist es wichtig, sich in die Lage der Personen hineinzuversetzen. Dazu muss der Unterricht Anstöße und Hilfen geben, insbesondere dadurch, dass die aufschließende Funktion der dichterischen Sprache beachtet bzw. gewürdigt wird.

Im Kernlehrplan wird herausgestellt, dass Entwicklung von Empathiefähigkeit, Gewinnung von Wert- und Selbstbewusstsein und verantwortliches Handeln gefördert werden sollen. Diese Forderung bildet sozusagen den Hintergrund für die folgenden Ausführungen. Die These, die sich als Leitfaden durch Auswahl und Interpretation der Texte sowie durch die Lernzielvorschläge hindurchzieht, lautet:

Die Auseinandersetzung mit Literatur bzw. Texten kann einen wichtigen Beitrag zur Entwicklung von Empathiefähigkeit und Wertbewusstsein leisten, wenn es sich um Texte handelt, die die Möglichkeit bieten, sich in die Lage der dargestellten Personen hineinzuversetzen oder sich mit ihnen zu identifizieren, wenn die Texte dazu motivieren, sich mit Wertfragen auseinanderzusetzen und im Unterricht Wahrnehmungs- und Deutungshilfen für die Erschließung der Kerngedanken oder der Sinngehalte gegeben werden.

Interessant erscheint mir in diesem Zusammenhang auch, was Hans Joachim Störig in seiner *Weltgeschichte der Philosophie* im Kapitel „Philosophie der Aufklärung" über David Humes Auffassung zum Ursprung moralischen Urteilens wiedergibt. Er schreibt: „Hume sieht die Quelle des Sittlichen ... in einem besonderen moralischen Sinn des Menschen. ... Alles sittliche Handeln ist auf den Mitmenschen bezogen, und jedes moralische Urteil geht daraus hervor, daß wir, vermöge der dem Menschen eigentümlichen Fähigkeit, mit anderen

11

mitzufühlen, der *Sympathie*, uns in den urteilenden Nebenmenschen versetzen" (Störig 1985, S. 361).

Die Chance, durch eine adäquate Erschließung von Literatur die Sensibilität für den anderen und die Reflexion von Wertfragen und Werturteilen zu fördern, sollte man nicht vergeben, zumal davon ausgegangen werden kann, dass Werthaltungen und sittlich-moralisch begründetes Urteilen und Handeln eng miteinander verzahnt sind.

1.2 Zur Auswahl der Texte

Für die Erschließung wurden vier Erzählungen von Wolfgang Borchert und eine Kurzgeschichte von O.Henry ausgewählt. Es handelt sich um die Erzählungen „Schischyphusch oder Der Kellner meines Onkels", „Die Küchenuhr", „Vielleicht hat sie ein rosa Hemd" und „Stimmen sind da in der Luft – in der Nacht" von Borchert sowie um die Kurzgeschichte „Das Geschenk der Weisen" von O.Henry.

Alle vier Erzählungen Borcherts spielen im Umfeld des letzten Weltkrieges, setzen aber für ihr Verständnis keineswegs voraus, dass man Zeitzeuge war. Die Ausdeutung der Situationen und der Handlungen der Personen verdeutlichen den tiefen Humanismus Borcherts und verweisen den Leser auf zentrale menschliche Themen, deren Analyse zu wesentlichen philosophischen Fragestellungen und vielleicht zu Antworten führen können, die zu einer „Existenzdeutung" beitragen. Nach meinen Erfahrungen können diese Erzählungen in ho-

hem Maße dazu motivieren, sich in die Lage der dargestellten Figuren hineinzuversetzen, mitzufühlen, wie ihnen zu Mute war, ihre Handlungen zu verstehen oder
sogar Mitleid zu empfinden.

In der sehr bekannten Kurzgeschichte von
O.Henry geht es im Kern um die Bedeutung von Zeichen; es wird deutlich, wie aus einer Intention, dem anderen eine Freude zu machen, ein konkretes materielles
Geschenk wird, das sich aber, seinen Gebrauchswert ver-
lierend, in ein Zeichen verwandelt, das über sich hinaus
auf etwas Immaterielles verweist. Eine wunderbare Geschichte, die sich hervorragend eignet, Identifikations-
prozesse auszulösen und für den tiefen Sinn von Zeichen
im menschlichen Zusammenleben zu sensibilisieren.

Am Ende des vorliegenden kleinen Buches findet
sich ein Text, der aus dem Rahmen fällt. Es handelt sich
nicht um einen fiktionalen Text, sondern um ein autobio-
graphisches Dokument, das ich verfasst habe. In diesem
Text sind Sinnfragen und Sinnhinweise enthalten. Anmerkungen und Zielformulierungen für den Unterricht
habe ich nicht vorgenommen; ich habe lediglich vier Fragen formuliert, die dazu anregen können, dem Grundte-
nor der Überlegungen nachzuspüren. Vielleicht kann die
Auseinandersetzung mit diesem Dokument im Sinne der
o.g. Zielsetzung für einen Unterricht dienen, der zu ehrli-
chem Ringen um begründete Überzeugungen und Werthaltungen anhalten will. Wenn nicht, so bleibt der Text
vielleicht ein kleines „Denkmal" für Barbara.

2. Unterrichtsmaterial

2.1 Material zur Erzählung von Wolfgang Borchert: „Schischyphusch oder Der Kellner meines Onkels"

(Wolfgang Borchert, *Das Gesamtwerk*, Rowohlt Taschenbuch Verlag, 2. Aufl. 2011, S. 407 – 420)

2.1.1 Inhaltsangabe

Die Geschichte spielt an einem Sommertag in einem Gartenlokal. Ein Junge, Erzähler der Geschichte, dessen Mutter und dessen Onkel sitzen zusammen an einem Tisch und warten auf eine Bedienung.

Der Onkel hat im Krieg ein Bein verloren und einen Unterkieferschuss erlitten, der dafür verantwortlich ist, dass er eine verkürzte Zunge hat und lispelt.

Der Kellner kommt an den Tisch, der Onkel bestellt Getränke.

Der Kellner hat ebenfalls einen Sprachfehler; er kann keinen s-Laut sprechen.

Er wiederholt zur Vergewisserung noch einmal die Bestellung des Onkels, der aber meint, der Kellner wolle sich über ihn lustig machen.

Es kommt zu einer verbalen Auseinandersetzung zwischen den beiden „Sprachbehinderten", die besonders lautstark von dem Onkel geführt wird, der für gewöhnlich unbefangen und humorvoll mit seinem Sprachfehler umgeht.

Der Kellner ist eher unsicher und schüchtern, setzt sich aber an den Tisch und zeigt seinen Pass, in dem als besonderes Kennzeichen der Sprachfehler seit Geburt vermerkt ist. Der Onkel, von Mitleid gerührt über diesen Sachverhalt, bestellt bei einer anderen Bedienung für sich und den Kellner Schnäpse und zeigt nunmehr seine Karte mit dem Vermerk seiner Kriegsverletzungen.

Der Kellner ist vom Mitgefühl und vom Zuspruch des Onkels wie verändert; er lacht befreit und ruft viele Male laut „Schischyphusch".

Der Onkel versteht diesen Ausruf zunächst nicht und fährt den Kellner unwirsch an, mit dem Rufen aufzuhören.

Der Kellner ist nun wieder ganz verstört. Er erklärt, dass Sisyphus in der Schule sein Spitzname gewesen sei und dass er wegen seines Sprachfehlers diesen Namen immer sagen sollte.

Der Onkel ist erneut ganz betroffen. Nachdem er dem Kellner einen Geldschein als Trinkgeld gegeben hat, verlässt er mit dem Jungen und der Mutter das Gartenlokal.

Der Junge schaut sich nach dem Kellner um. Er hat den Eindruck, dass der Kellner traurig hinter ihnen herblickt. Zu seinem Onkel gewandt, sagt er, der Kellner weine jetzt.

Der Onkel, der nun seinerseits Tränen in den Augen hat, nennt den Kellner mit seinem Spitznamen und ruft ihm zu, dass er nächsten Sonntag wiederkomme.

Der Kellner winkt offenbar erleichtert und froh zurück.

2.1.2 Anmerkungen zum Text

Borchert erzählt die Entwicklungsgeschichte einer Freundschaft zwischen zwei Menschen, zwei Männern, wie sie unterschiedlicher kaum sein können: Der Onkel des Erzählers: kräftig, lebendig und – im übertragenen Sinne – mit beiden Beinen im Leben stehend, auch wenn er im Krieg ein Bein verloren hat, und mit einer zu kurzen Zunge auf Grund eines im Krieg erlittenen Unterkieferschusses, ein Mann, der mit seiner Sprachbehinderung normalerweise so zurecht kommt, „als hätte er sie nicht" (a.a.O., S. 410, 411). Demgegenüber der kleine Kellner: seit seiner Geburt wegen der zu kurzen Zunge in gleicher Weise sprachbehindert, seit seiner Schulzeit gedemütigt und mit dem Spitznamen „Schischyphusch" versehen. Ein verbitterter Mensch, sicherlich auch Ergebnis einer nicht immer gerade menschlich handelnden Umwelt!

Beim ersten Aufeinandertreffen stehen sie sich, wie Borchert schreibt, feindselig gegenüber wegen der von beiden vermuteten gegenseitigen Verhöhnung: „Beide mit einer zu kurzen Zunge, beide mit demselben Fehler. Aber jeder mit einem völlig anderen Schicksal" (S. 409).
Die feindselige Haltung löst sich auf durch das Aufdecken des Missverständnisses, als die beiden nacheinander ihre Unterlagen zeigen, die die jeweilige Sprachbehinderung dokumentieren.

Die Erkenntnis, dass der Kellner seine Behinderung schon seit der Geburt und damit sein Leben lang hat, rührt den Onkel an. Er zeigt sein Mitgefühl und

nennt den Kellner in seiner ihm wohl eigenen derb-
kräftigen Sprache „Armesch kleinesch Luder" und fügt
dann noch hinzu: „Schind schie schon scheit deiner Geburt hinter dir her und hetschen?" (S. 413).

Dadurch, dass sich der Onkel in die Lage des
Kellners hineinversetzen kann und diesem menschlich
mitfühlend Zuspruch gibt, vollzieht sich in der Person
des Kellners eine Verwandlung. Borchert schreibt: „Der
Kellner schluckte. Dann nickte er. Nickte sechs-, sieben-
mal. Erlöst. Befriedigt. Stolz. Geborgen. Sprechen konnte
er nicht. Er begriff nichts. Verstand und Sprache waren
erstickt von zwei dicken Tränen" (S. 413).

Einfühlsam stellt Borchert den Beginn der Erlösung eines Menschen von seiner deprimierenden Vorge-
schichte dar, eines Menschen, der durch Verhöhnung
und Herabsetzung zu einer, wie Borchert schreibt, „ver-
achteten gescheuchten mißgestalteten Kreatur" geworden ist (S. 412). Ganz stark drückt Borchert den Seelenzu-
stand des Kellners nach der durch den Onkel gezeigten
„Welle des Mitgefühls" aus: „Bis an sein Lebensende hätte er sich so überschwemmen lassen können! Bis an seinen Tod hätte er seine kleinen Hände in den Pranken
meines Onkels verstecken mögen! Bis in die Ewigkeit
hätte er das hören können, dieses: Armesch kleinesch
Luder!" (S. 413). Interessant übrigens, dass die Bezeichnung „Luder" in diesem Kontext überhaupt nicht abwer
tend gemeint und aufgefasst wird, genauso wenig wie
das Duzen. Die Ausdrucksweise passt irgendwie zu dem
Onkel, und der Kellner versteht sie genau so, wie sie gemeint ist. Etwas später, als der Onkel seinen Behindertenausweis vorzeigt, nennt er den Kellner fast zärtlich

„dummesch Häschchen" und fragt: „Noch bösche?" (S. 414).

Das ist der erste Teil der Entwicklungsgeschichte einer Freundschaft, in der e i n Kellner zum „Kellner meines Onkels" wird, der Geschichte einer Verwandlung, die aber durch ein neues Missverständnis jäh zu Ende zu gehen droht. Denn der Kellner fühlt sich so befreit von seinem Schicksal, von der „Qual seines bisherigen verspotteten Daseins", wie Borchert schreibt (S. 415), dass er zunächst tief gerührt ist, dann in eine Phase hineinkommt, in der er immer stärker lacht und schließlich seinen Spitznamen aus der Schulzeit schreit. Borchert schreibt: „‚Schischyphusch!' schrie er und patschte sich gegen die nasse Stirn" (S. 416). Es scheint so, als habe der Kellner Distanz gewonnen zu dem einst verletzenden Spottbegriff, den er nun sozusagen von sich weg schreit.

Borchert beschreibt sehr plastisch, wie sich die Befreiung des Kellners aus seinem bisherigen Leben in seinem Verhalten auswirkt und prägt dabei neue Formulierungen, um z.B. die Art des sich steigernden Lachens des Kellners bildlich zu machen.

Auch der Onkel erlebt diejenige Phase, in der sich die Irrtümer aufklären und die Freundschaft mit dem Kellner entwickelt, offenbar als etwas Überraschendes und Befreiendes. Borchert lässt den Erzähler sagen: „Und mein Onkel,…dieser mein Onkel war nun so unglaublich selig, daß er endlich endlich lachen konnte" (S. 415).

Das neue Missverständnis wird durch das geradezu hemmungslose Ausrufen des Namens „Sisyphus", der Figur aus der griechischen Mythologie, ausgelöst, als noch niemand wissen kann, dass das der Spitzname des

18

Kellners war, in der Schule schon. Der Onkel donnert den Kellner an, mit dem Schreien aufzuhören, und die vollzogene Verwandlung des Kellners scheint sich schlagartig aufzulösen. Für eine Weile scheint die Rückverwandlung in den „kleinen lispelnden armseligen Kellner" (S. 417) unausweichlich und sein Schicksal dem des Sisyphus im Hades vergleichbar, der sich in seiner Hoffnung auf Erlösung von seinem Schicksal getäuscht sieht.

Nachdem der Kellner erklärt hat, warum ihm dieser Name jetzt wieder ins Gedächtnis gekommen war, scheint sich die Lösung des Konflikts nicht sofort zu ergeben. Der Kellner ist verlegen. Der Onkel, der sonst beherzt und nicht auf den Mund gefallen ist, wagt nicht, wie Borchert schreibt, den Kellner anzuschauen; er hat Tränen in den Augen.

Borchert zögert sozusagen die endgültige Veränderung der Beziehung zwischen dem Onkel und dem Kellner hinaus. Der Onkel, der Junge und seine Mutter verlassen das Gartenlokal und gehen langsam auf die Straße: „Keiner von uns dreien sah auf den Kellner. Meine Mutter und ich nicht, weil wir uns schämten. Mein Onkel nicht, weil er die beiden Tränen in den Augen sitzen hatte. Vielleicht schämte er sich auch, dieser Onkel" (S. 419).

Und so wäre die Geschichte fast zu einer solchen geworden, bei der es sich um einen unvollendeten, nicht zum Ziel gekommenen Prozess gehandelt hätte, wäre da nicht der Junge, unser Erzähler, der sich am Ausgang des Gartens doch noch einmal schnell zu dem Kellner umschaut. Borchert schreibt, wie der Junge den Kellner sieht, der noch immer an dem Tisch steht, an dem zuvor so viel passiert ist. Der Kellner bietet ein Bild des Jammers: „Sein weißes Serviettentuch hing bis auf die Erde. Er schien mir noch viel viel kleiner geworden zu sein. So klein stand er da und ich liebte ihn plötzlich, als ich ihn so verlassen hinter uns herblicken sah, so klein, so grau, so leer, so hoffnungslos, so arm, so kalt und so grenzenlos allein!" (S. 419).

Welche zutiefst menschlichen Gefühle schreibt Borchert hier dem Jungen zu! Überhaupt: Welch feinsinnige und farbige Darstellung menschlicher Empfindungen in einer scheinbar lustig daherkommenden Geschichte! Am Ende steht die Verwandlung beider Hauptfiguren, des Kellners wie des Onkels. Der Onkel ruft dem Kellner ein Wiedersehen zu und nennt ihn dabei bei seinem früheren Spitznamen. Der Kellner winkt zurück, und: „Er wischte die ganze graue Welt, alle Gartenlokale der Welt, alle Kellner und alle Zungenfehler der Welt mit seinem Winken endgültig und für immer weg aus seinem Leben" (S. 420).

Welch liebevolle Darstellung einer Erlösung, die schließlich zu dem führt, was Borchert im dritten Satz seiner Erzählung schreibt: „Dieser Kellner verfolgte meinen Onkel so intensiv mit seiner Treue und mit seiner Verehrung, daß wir immer sagten: Das ist sein Kellner. Oder: Ach so, sein Kellner" (S. 407). Die Geschichte zeigt, ohne dass „moralisiert" werden muss, welche Verwandlungskraft menschlich positives Verhalten entfalten kann.

2.1.3 Ziele der Texterschließung

Übergreifendes Ziel

Ausgangspunkt für eine Erschließung des Textes könnte die Frage sein: „Wodurch sind der Onkel und der Kellner eigentlich Freunde geworden?"
Die Frage, die von den Schülerinnen und Schülern - zumindest sinngemäß - selbst formuliert werden soll, veranlasst dazu, die verschiedenen Phasen des Prozesses herauszuarbeiten, der über das Kennenlernen der beiden Hauptpersonen schließlich zu deren Freundschaft führt. In diesem Zusammenhang soll geklärt werden, wodurch die Konfliktsituationen ausgelöst werden, die den Weg hin zur Freundschaft zu unterbrechen drohen.

Teilziele

1) Die Schülerinnen und Schüler sollen zu Beginn des Unterrichtsgesprächs erkennen und sinngemäß formulieren, dass die erste Konfliktsituation durch die Annahme sowohl des Onkels als auch des Kellners zustande kommt, verspottet zu werden.
Beschrieben werden sollen die Gefühle und die Reaktionen der beiden bis zu dem Punkt, wo der Kellner seinen Pass mit dem besonderen Kennzeichen „Sprachfehler" vorlegt.

2) Die Schülerinnen und Schüler geben unter Nennung der entsprechenden Textstellen wieder, was der Onkel zu

dem Kellner sagt, was der Kellner danach empfindet und wie er sich in dieser zweiten Phase verhält.

Die Schülerinnen und Schüler sollen sinngemäß sagen, dass das gezeigte Mitgefühl des Onkels den Kellner verändert oder verwandelt.

Angemerkt werden soll, dass bereits in dieser Phase, die mit alkoholischen Getränken „abgerundet" wird, so etwas wie eine Freundschaft zwischen den beiden Personen entstanden ist. Als ein Hinweis auf diese Tatsache soll angemerkt werden, dass der Onkel, während er seinen Behindertenausweis zeigt, den Kellner „dummes Häschen" nennt, dass diese Bezeichnung hier liebevoll gemeint ist und dass der Onkel fragt, ob der Kellner noch böse sei.

3) Herausgearbeitet werden soll, dass danach die dritte Phase beginnt, in der sich sowohl der Onkel als auch der Kellner glücklich mit der Situation nach Aufklärung des Missverständnisses fühlen. Die Schülerinnen und Schüler nennen Textstellen, die belegen, wie die beiden sich fühlen, z.B.: „Und nun schien es mit einmal, als ob er (der Kellner) alle Tragik seines Schicksals damit abgeschüttelt hätte. Die beiden Tränen, die sich nun in den Hohlheiten seines Gesichtes verliefen, nahmen alle Qual seines bisherigen verspotteten Daseins mit" (a.a.O., S. 415). Und bezogen auf den Onkel: „…mein Onkel war nun so unglublich selig, daß er endlich endlich lachen konnte" (S. 415).

Die Schülerinnen und Schüler sollen herausstellen, dass der Kellner sich mehr und mehr befreit fühlt, z.B. erkennbar an seinem immer freieren Lachen.

4) Die Schülerinnen und Schüler stellen fest, dass eine nächste (vierte) Phase damit beginnt, dass der Kellner in seinem Befreitsein seinen Spitznamen aus der Schulzeit schreit. Sie äußern Vermutungen, warum er immer wieder diesen Namen schreit, z.B.: Schreit er ihn von sich weg? Der Spitzname kann ihn offenbar jetzt nicht mehr verletzen….

Herauszustellen ist, dass diese vierte Phase jedoch von einem neuen Missverständnis geprägt wird, dass der Onkel das Rufen des Namens „Sisyphus" nicht verstehen kann.

Die Schülerinnen und Schüler beschreiben, wie der Onkel reagiert (er donnert den Kellner an) und dass der Kellner sich sozusagen in den Zustand wie vor dem Kennenlernen zurückverwandelt.

5) In der fünften Phase erklärt der Kellner, was es mit dem Namen Sisyphus für ihn auf sich hat. Die Schülerinnen und Schüler beschreiben, wie sie die Erklärung des Kellners empfinden und woran man seine Verlegenheit ablesen kann; sie stellen fest, dass der Onkel nun ein zweites Mal ganz gerührt ist und nennen als Beleg entsprechende Textstellen (S. 418): der Onkel sitzt still am Tisch, er wagt nicht den Kellner anzusehen, Tränen sind in seinen Augen.

Die Schülerinnen und Schüler stellen fest, dass der Onkel schweigt, aufsteht und das Gartenlokal verlässt, dass die Kommunikation, die positiven Erlebnisse des Tages, die begonnene Freundschaft abrupt zu enden scheinen.

6) Die sechste Phase ist diejenige, in der sich alles zum Guten wendet. Herauszuarbeiten ist, dass der Junge mit dem Hinweis, dass der Kellner nun weint, den Onkel „umdreht".

Die Schülerinnen und Schüle formulieren, wie der Junge bei seinem Zurückschauen den Kellner wahrnimmt und dass der Junge Mitleid empfindet. Sie stellen heraus, dass der Onkel sich nach der mitfühlenden Bemerkung des Jungen zum Kellner umdreht und bei der Verabschiedung und der Verabredung für ein Wiedersehen am nächsten Sonntag den „Spitznamen" des Kellners ruft.

Als Hinweis, dass die Freundschaft zwischen dem Onkel und dem Kellner dauerhaft entstanden ist, soll auf die Überschrift zurückverwiesen werden, die Borchert für diese Erzählung gewählt hat (Mein Onkel und *sein* Kellner).

7) Als Resümee und als Antwort auf die eingangs gestellte Frage soll formuliert werden, dass das Mitgefühl und das menschliche Verhalten des Onkels (und des Jungen) den Kellner, aber auch den Onkel verändern oder verwandeln und zur Freundschaft der beiden führen.

2.1.4 Methodische Anmerkungen

Da es sich bei „Schischyphusch oder Der Kellner meines Onkels" um eine verhältnismäßig lange Erzählung handelt, wird man für die Erschließung des Textes mindestens zwei Unterrichtseinheiten benötigen, zumal dann, wenn die Lehrperson den Text teilweise selbst darbieten will. Für eine eindrückliche Darbietung spricht die Möglichkeit, dem Text eine erste „Sinnprofilierung" zu geben.

Um Vorlesezeit einzusparen, ist zu überlegen, ob zum Beispiel eine Darbietung des Textes bis zum Ende des vierten Abschnitts, also bis zu dem Satz „Endlich kam auch einer an unseren Tisch" (a.a.O., S. 408) durch eine Kurzeinführung ersetzt werden sollte.

Der Text weist, wie im vorigen Kapitel angemerkt, mehrere Phasen der Entwicklung hin zu einer dauerhaften Freundschaft zwischen dem Onkel und dem Kellner auf. Ein wichtiger Punkt in der Entwicklungsgeschichte der Freundschaft zwischen den beiden Männern ist erreicht, als der Onkel den Kellner fragt: „Noch bösche?" (S. 414). Aus meiner Sicht kann der Text zunächst bis zu dieser Frage gelesen und interpretiert werden. Die Schülerinnen und Schüler können zum Beispiel auch Vermutungen darüber anstellen, wie die Geschichte nach dieser „Schlüsselfrage" weitergeht.

Ob die Interpretation des Gesamttextes in der Kleinschrittigkeit erfolgen soll, wie die Teilziele das nahelegen, bleibt der Entscheidung der Lehrperson überlassen, die die Lernbedingungen der jeweiligen Klasse berücksichtigen muss.

Es empfiehlt sich jedoch sehr, ein Tafelbild oder eine andere visuelle Präsentation entstehen zu lassen, in dem die genannten Phasen skizziert werden. Nach meiner Erfahrung kommt dem optischen Festhalten generell eine hohe Bedeutung zu im Sinne einer Ergebnissicherung und zur Unterstützung der Nachhaltigkeit des Lernerfolges. Auf jeden Fall sollten die strukturierende Ausgangsfrage und das formulierte Resümee festgehalten werden.

Wenn man die Interpretation und die Ziele durchmustert, wird man moralisierende Hinweise vergeblich suchen. Solche Hinweise wären auch nicht im Sinne der Generalintention dieser Schrift. Wer jedoch zum Beispiel den Zusammenhang zwischen dem mitfühlenden menschlichen Handeln des Onkels und den aufgezeigten Effekten verstanden bzw. verinnerlicht hat, gewinnt vielleicht Überzeugungen, die für moralisches Verhalten bestimmend werden können. Diese Aussage lässt sich generalisieren; sie gilt auch für die folgenden Textanmerkungen und Zielbestimmungen.

2.2 Material zur Kurzgeschichte von Wolfgang Borchert: „Die Küchenuhr"

(Wolfgang Borchert, *Das Gesamtwerk*, Rowohlt Taschenbuch Verlag, 2. Aufl. 2011, S. 237 – 239)

2.2.1 Inhaltsangabe

Ein zwanzigjähriger Mann mit einem ganz alten Gesicht setzt sich zu einigen Leuten auf die Bank und zeigt ihnen eine Küchenuhr. Er erzählt, dass er durch den Krieg alles verloren habe, nur die Uhr sei übriggeblieben und ausgerechnet um halb drei stehengeblieben.

Ein Mann auf der Bank bemerkt daraufhin, dass um diese Uhrzeit wohl eine Bombe das Haus getroffen habe und die Uhr durch den Druck stehengeblieben sei. Der Mann mit der Küchenuhr aber erklärt, um halb drei sei etwas ganz anderes gewesen; um halb drei nachts sei er immer nach Hause gekommen, und seine Mutter habe ihn immer gehört, das Abendbrot warmgemacht und sich zu ihm gesetzt. Er habe das alles als selbstverständlich empfunden.

Die anderen Leute auf der Bank verstehen nicht, was der Mann eigentlich sagen will. Deshalb sagt er, jetzt zur Küchenuhr gewandt, er wisse nunmehr, wo seine Mutter nicht mehr lebe, dass das, was sich jede Nacht um halb drei abgespielt habe, das Paradies gewesen sei.

Die Leute auf der Bank sehen ihn nicht an. Der eine, der neben dem Mann mit der Küchenuhr sitzt, schaut auf seine Schuhe und denkt an das Wort Paradies.

2.2.2 Anmerkungen zum Text

Die Erzählung „Die Küchenuhr" gehört zu den ganz bekannten Geschichten Borcherts. Wir werden unvermittelt in eine „karge" Situation hineingeführt: Da sitzen Leute auf einer Bank in der Sonne, und schon von weitem sehen sie einen Mann auf sich zukommen. Dieser Mann fällt auf: Er hat ein ganz altes Gesicht, aber seinem Gang nach zu urteilen muss es sich um einen jungen Mann handeln. Borchert schreibt: „...aber wie er ging, daran sah man, daß er erst zwanzig war" (a.a.O., S. 237). Warum mag der Mann mit zwanzig Jahren ein so altes Gesicht haben?

Der Mann setzt sich zu den Leuten auf die Bank und zeigt ihnen die Uhr, die er in der Hand trägt. Er erläutert, dass das ihre Küchenuhr war und sieht alle auf der Bank der Reihe nach an. Was kann man daraus schließen, dass er das tut? Mir fällt das Wort „unbedingt" ein. Der Mann will offenbar unbedingt etwas mitteilen, das ihm sehr wichtig ist. Und die nächsten beiden Sätze lassen schon ahnen, dass der Mann etwas Außergewöhnliches erlebt haben muss: „Ja, ich habe sie noch gefunden. Sie ist übriggeblieben" (S. 237). Borchert erzählt dann, wie der Mann mit der Uhr umgeht: Er tupft mit dem Finger auf die blauen Zahlen, die auf der runden weißen Uhr gemalt sind; er umfährt vorsichtig mit der Fingerspitze den Rand der tellerrunden Uhr und sagt dabei leise, sie sei übriggeblieben.

Was mögen die Leute auf der Bank denken und von dem Mann halten, der ihnen da eine Uhr zeigt? Der allererste Eindruck mag dazu führen, dass der Mann den

Leuten und uns vielleicht merkwürdig vorkommt. Aber es ist doch gar nicht komisch, wie nüchtern und sachlich der Mann das Äußere der Uhr beurteilt. Borchert schreibt: „Sie hat weiter keinen Wert, meinte er entschuldigend, das weiß ich auch" (S. 237). Und der Mann beschreibt dann, was alles nicht so wertvoll an der Uhr ist. Aber wir müssen genau hinhören: Der Mann sagt, dass die Uhr w e i t e r keinen Wert habe; im Verlauf der Geschichte jedoch wird deutlich, dass sie zwar im materiellen Sinne keinen Wert hat, gleichwohl aber für den Mann eine herausragende Bedeutung besitzt.

Bei der Beschreibung der Uhr lässt Borchert den Mann einen sicherlich sehr zweideutigen Satz sagen: „Innerlich ist sie kaputt, das steht fest" (S. 237). Und was ist mit dem Mann „innerlich"?

Erneut kommt am Ende der „Uhr-Beschreibung" leise die Feststellung: „Und sie ist übriggeblieben."

Warum erzählt der Mann eindringlich von der Uhr und davon, dass nur sie übriggeblieben ist? Will er in ein Gespräch eintreten? Will er, dass die anderen auf der Bank merken, dass die Küchenuhr für ihn etwas Wichtiges ist? Noch hat der Mann nur angedeutet, warum ihm diese Uhr, obwohl sie nicht mehr geht, viel bedeutet.

Wie reagieren die Leute auf der Bank? Sie sehen ihn nicht an, und: „Einer sah auf seine Schuhe und die Frau sah in ihren Kinderwagen" (S. 237). Was mag in ihren Köpfen, in ihrem Inneren vorgehen?

Eine Frau fragt ihn, ob er alles verloren habe. Der Mann bejaht freudig die Frage und verweist wieder auf die Uhr, die allein übrig geblieben sei. Die Frau versteht die Reaktion nicht und entgegnet, dass die Uhr aber doch nicht mehr gehe.

Muss man ihr übelnehmen, dass sie offenbar nur die materielle Seite der Uhr, ihre Funktion sieht? Versteht sie die freudige Antwort des Mannes falsch?

Wenig später erklärt der Mann aufgeregt, das Schönste habe er ja noch gar nicht gesagt, dass nämlich die Uhr um halb drei stehengeblieben sei, ausgerechnet um halb drei. Was hätten wir jetzt gedacht? Würden wir jetzt neugierig oder würden wir den Mann allmählich als sonderbar empfinden?

Borchert erzählt nun, dass ein anderer die Vermutung äußert, das Haus sei von einer Bombe getroffen worden, und der Druck der niedergehenden Bombe sei die Erklärung für das Stehenbleiben der Uhr.

Fänden wir die Erklärung des Mannes plausibel? Dann hätten wir auch nicht wahrgenommen, dass sich hinter der Mitteilung, die Uhr sei a u s g e r e c h n e t um halb drei stehengeblieben, mehr als eine physikalische Tatsache verbirgt. Ahnen kann man jedenfalls, dass die Uhr mit einem tieferen Sinn verbunden ist.

Etwas später erfahren wir, was um halb drei passiert ist, nachts, wenn der Mann nach Hause kam. Immer ging er in die Küche, immer kam die Mutter, obwohl sie schon geschlafen hatte, und machte für ihren Sohn das Essen warm. Und immer sagte sie – so erzählt die Geschichte - nur den einen Satz: „So spät wieder" (S. 238, 239).

Doch schon bevor der junge Mann mit dem alten Gesicht erzählt, was um halb drei immer passiert sei, haben die Zuhörer „abgeschaltet", die offenbar nichts von

dem inneren Anliegen des Mannes verstehen oder erspü-
ren. Borchert schreibt nämlich: „Er sah die anderen an,
aber die hatten ihre Augen von ihm weggenommen. Er
fand sie nicht" (S. 238).

Was heißt das? Es scheint so, dass der Mann
wünscht, die anderen mögen ihm zuhören, sich vielleicht
in seine Lage versetzen und ihn verstehen. In seinem
Mitteilungsbedürfnis findet er keinen Zugang zu den
anderen. Im Text heißt es: „Da nickte er seiner Uhr zu..."
(S. 238) und er erzählt seine anrührende Geschichte, in
der die fürsorgliche Mutter die zentrale Rolle spielt, die
kaum spricht, aber mit dem einen Satz „So spät wieder"
ein wenig ihr sorgendes Mitgefühl ahnen lässt. Es dürfte
unpassend sein, an dieser Stelle soziologische Überlegungen zu Rolle und Aufgaben von Müttern anzustellen
oder emanzipatorische Forderungen auf den jungen
Mann zu projizieren.

Für den Mann mit der Uhr sind die nächtlichen
Handlungen der Mutter und ihre Sorge etwas Außergewöhnliches, was er allerdings erst erkennt, nachdem seine Mutter ums Leben gekommen ist und er sich die Be-
gegnungen mit ihr vergegenwärtigt. Als die Mutter noch
lebte und ihn umsorgte, war das anders: „Es war mir so
selbstverständlich. Das alles war doch immer so gewesen", stellt er rückblickend fest (S. 239). Jetzt aber haben
die nächtlichen Begebenheiten eine ganz andere Bedeu
tung.

Die Leute auf der Bank haben den „Dialog" des
Mannes mit seiner Uhr auch gehört, können sich aber
wohl nicht in dessen Lage hineinversetzen. Denn noch
einmal heißt es im Text, dass der Mann die anderen an-

31

sah: „Aber er fand sie nicht". Und so lässt Borchert den Mann wieder mit der Uhr sprechen: „Jetzt, jetzt weiß ich, daß es das Paradies war. Das richtige Paradies" (S. 239). Ist das die Pointe der Geschichte? Jedenfalls handelt es sich um eine ganz starke Aussage, denn kann man mehr verlieren als das „richtige Paradies"? Ist ihm dieser Verlust ins Gesicht geschrieben?

Ihm bleibt die Uhr, die aus dem Raum stammt, der das „Paradies" geborgen hat. Was ist diese Uhr denn? Talisman? Andenken? Ersatz für einen Gesprächspartner? Diese Begriffe dürften zu kurz greifen. Die Uhr steht zeichenhaft für die Vergangenheit, aber sie macht sozusagen diese Vergangenheit präsent und damit ein Stück weit „lebendig". Deshalb ist dem Mann die Küchenuhr so wichtig. Sie allein kann ihm aber keinen Halt bieten. Woraus kann man das schließen? Der Mann redet ja nicht nur aus einem puren Mitteilungsbedürfnis heraus mit den Leuten auf der Bank. Ist es eine Überinterpretation, wenn vermutet wird, dass der Mann Menschen sucht, die ihm Verständnis entgegenbringen, Verständnis, das ihn wenigstens für eine bestimmte Zeit trägt?

In Ansätzen scheint es einige Male zu einer Kommunikation zu kommen, so zum Beispiel gegen Ende des Textes, nachdem der Mann vom Verlust des Paradieses gesprochen hat. Da fragt die Frau: „Und Ihre Familie?" Borchert schreibt, dass der Mann die Frau verlegen anlächelt und sagt, dass alles „weg" sei, auch die Eltern (S. 239).

Schließlich gelingt auch der letzte Versuch eines neuerlichen Blickkontaktes mit den übrigen Leuten auf der Bank nicht; die Leute „...sahen ihn nicht an", schreibt

Borchert. Der Mann spricht dann noch einmal das Besondere der Uhr an, sagt das aber sozusagen vor sich hin; und dann schweigt er. Borchert nimmt nun den Anfang der Geschichte noch einmal auf und schreibt: „Aber er hatte ein ganz altes Gesicht" (S. 239).

Ganz „traurig", so möchte ich sagen, geht die Geschichte aber nicht aus. Es scheint so, als ginge dem Mann, der neben dem Mann mit der Küchenuhr sitzt, doch irgendwie ein Licht auf. Borchert lässt die Geschichte wie folgt enden: „ Und der Mann, der neben ihm saß, sah auf seine Schuhe. Aber er sah seine Schuhe nicht. Er dachte immerzu an das Wort Paradies" (S. 239).

2.2.3 Lernziele

1) Die Schülerinnen und Schüler sollen erkennen, dass der Mann mit der Küchenuhr vergeblich versucht, mit seiner Schicksalsgeschichte Zugang zu den Menschen auf der Bank zu finden.

2) Die Schülerinnen und Schüler sollen verstehen, dass die Uhr, obwohl sie keinen *materiellen* Wert hat, für den Mann geradezu eine existentielle Bedeutung hat, da sie auf eine Zeit verweist, die nachher für den Mann das Paradies bedeutete.

3) Es soll herausgearbeitet werden, dass die Uhr mit ihren Zeigern nicht nur Zeichen für die Vergangenheit ist, sondern dass sie die paradiesischen Zeitspannen für den Mann ein Stück weit vergegenwärtigt oder kognitiv widerspiegelt.

4) Erarbeitet werden soll ferner, woran bei den Kommunikationsversuchen des Mannes erkannt werden kann,

dass diese nicht gelingen und der Mann allein auf seine Uhr verwiesen ist.

2.2.4 Verstehensvoraussetzungen und methodische Anmerkungen

Sofern im Unterricht nicht schon geschehen, sollte vor der Erschließung dieser Geschichte kurz über den Autor Wolfgang Borchert und dessen Lebenslauf gesprochen werden. Aber selbst wenn man den Hintergrund dieser Geschichte, nämlich die Kriegsereignisse, nicht in die Betrachtung einbezöge, dürften die Schülerinnen und Schüler die in der Geschichte dargestellte Problematik erkennen. Phänomene wie die des Verlierens eines geliebten Menschen und des Nichtverstandenwerdens dürften durchaus schon in den Erfahrungsbereich vierzehnjähriger und älterer Schülerinnen und Schüler hineinragen, besonders auch insofern, als Jugendliche in der Pubertät oft ein sehr ausgeprägtes Empfinden haben für Erlebnisse des Zurückgewiesenwerdens oder des Nichtverstandenwerdens.

Eine gute Möglichkeit, die Diskussion mit der Lehrperson und der Schülerinnen und Schüler untereinander zu begünstigen, kann die Unterrichtsform des Kreisgespräches sein.

Wenn diese gewählt wird, empfiehlt sich sehr, dass die Lehrperson den Text vorliest. Dabei gilt selbstverständlich, dass von der Art der Darbietung mit abhängt, ob das Interesse der Schülerinnen und Schüler geweckt wird und erste Zugänge zum Text vorbereitet werden.

Die Diskussion kann, wenn sie nicht „von selbst", das heißt auf Grund spontaner Äußerungen von Schülerinnen und Schülern, anläuft, vielleicht durch den Impuls ausgelöst werden: „Der Mann mit der Küchenuhr ist aber ein komischer Mensch".

Um eine erste Annäherung an die Sinngehalte zu erreichen, die sich aus der Geschichte erschließen lassen, ist es oft hilfreich, sozusagen „Orientierungsdefizite" in den Blick zu nehmen, das heißt zunächst einmal, die Fragen zu formulieren, die uns mehr oder weniger spontan einfallen, und danach zu versuchen, diejenigen Fragen zu finden, die als zentrale Problemfragen gelten können. Solche zentralen Fragen nehmen das Fragwürdigste (im positiven Sinne!) einer Erzählung in den Blick, deren Beantwortung den „eigentlichen" Sinngehalt der Geschichte öffnet. Manchmal gibt es auch nur e i n e Frage, die eine Diskussion strukturieren kann und deren Beantwortung den „Kern" freilegt.

In der hier besprochenen Kurzgeschichte von Borchert könnten beispielsweise folgende Fragen dazu beitragen, sich dem „Kern" zu nähern:

Was denken die Leute auf der Bank von dem Mann mit der Uhr? Was treibt den Mann um? Was bedeutet die Küchenuhr für ihn? Warum spricht er mit den Leuten? Was erwartet er von ihnen? Wie endet die Geschichte?

Um die Genese der Schicksalsgeschichte des jungen Mannes mit der Uhr und das Fehlschlagen eines Gespräches mit den Leuten deutlich werden zu lassen, könnte man tabellarisch das Verhalten des Mannes und das der Leute gegenüberstellen, zum Beispiel:

Mann	Leute auf der Bank
setzt sich zu den Leuten	sitzen in der Sonne
zeigt die Uhr, sieht die Leute	
der Reihe nach an,	
geht liebevoll mit der Uhr um	
	sehen ihn nicht an
	Jemand: „Sie haben
	wohl alles verloren?"
bejaht, zeigt Uhr hoch	
	Frau: „Aber die geht
	doch nicht mehr."
erzählt, was das Schönste ist:	
Uhr ist „ausgerechnet" um	
halb drei stehengeblieben	
	einer gibt physikalische
	Erklärung
verneint, erklärt was immer	
um halb drei war, sieht die	
anderen an, findet sie nicht	
	„...hatten ihre Augen
	von ihm weggenom-
	men."
erzählt von der Mutter	
	sind kurz ganz still
fragt: „Und jetzt?"	
usw.	

Bei dieser Gegenüberstellung sollten die von Borchert gewählten Schlüssel-Wörter und -Formulierungen besonders beachtet und herausgestellt werden.

2.3 Material zur Erzählung von O. Henry: „Das Geschenk der Weisen"

(O.Henry, *Das Geschenk der Weisen*, Deutscher Taschenbuchverlag, 19. Auflage 2010)

2.3.1 Inhaltsangabe

Della und Jim, zwei ganz junge Eheleute, leben in sehr bescheidenen Verhältnissen. Sie besitzen nur zwei Dinge, auf die sie sehr stolz sind, nämlich Dellas wunderschönes langes Haar und Jims goldene Taschenuhr, die schon sein Vater und sein Großvater getragen haben.
Da Weihnachten vor der Tür steht, möchte Della ihrem Mann ein Geschenk kaufen. Sie hat aber nur noch ganz wenig Geld, das für ein Geschenk nicht ausreicht. Sie überlegt, was sie machen soll und entschließt sich, ihr schönes Haar abschneiden zu lassen, um von dem erhaltenen Geld eine goldene Kette für Jims Uhr zu kaufen. Jim hingegen, nichtsahnend, verkauft seine Taschenuhr und erwirbt von dem Erlös eine Garnitur schöner Kämme für Dellas Haar.

2.3.2 Anmerkungen zum Text

„Dell", sagte er, „wir wollen unsere Weihnachtsgeschenke wegpacken und eine Weile aufheben. Sie sind zu schön, als dass wir sie gleich benützen können. Ich habe die Uhr verkauft, um das Geld für deine Kämme zu bekommen. Jetzt glaube ich, wäre es Zeit, die Koteletts aufs Feuer zu stellen." So endet die Geschichte, und dem

Leser ergeht es wohl zunächst ähnlich wie Della; er weiß nicht recht, ob er lachen oder irgendwie traurig sein soll, traurig, weil die Geschichte so banal endet?

Die Überraschung, die durch diesen letzten Abschnitt herbeigeführt wird, ist sehr groß. Da sind zwei Menschen auf den gleichen Gedanken gekommen, und das Ergebnis ihres Handelns scheint sinnlos. Aber: Genügt es festzustellen, dass die Geschenke aufgrund eines „tragischen" Zufalls ihrer Sachbestimmung nicht mehr entsprechen können? Ist der letzte Satz „Jetzt glaube ich, wäre es Zeit, die Koteletts aufs Feuer zu stellen" ein Beleg dafür, dass die Geschichte nach der Pointe am Schluss „harmlos" endet, dass zumindest Jim sich mit dem „Pech" abfindet und vorschlägt, schnell zur Tagesordnung überzugehen?

O.Henry verdeutlicht in seinem Nachwort, dass er nicht wirklich eine „recht ereignislose" Geschichte schreiben wollte, sondern – wie schon die Überschrift andeutet – eine Geschichte über „Weise" geschrieben hat. Das Ende der Geschichte bleibt offen, wir erfahren nicht, was die beiden weiter tun. Wie wird sich Della wohl verhalten haben, nachdem sie wusste, dass Jim seine Uhr verkauft hatte? Wir können ahnen, wie den beiden zumute gewesen sein mag. Welche Erkenntnisse werden ihnen zuteil geworden sein, welches „Wissen" über den anderen?

Della und Jim sind zwar sehr arm, aber sie können sich nicht vorstellen, wie man am Weihnachtstag dem anderen ohne ein Geschenk entgegentreten könnte. Nun mag man „weise" sagen, die beiden hätten wissen können, dass man einem Menschen auch durch ganz kleine

Dinge Freude machen und unter Umständen Liebe beweisen kann. Eine solche „Weisheit" würde jedoch dazu führen, den beiden nicht gerecht zu werden. Wenn man nur einmal nachspürt, wie sehr sich Della bemüht, Jim eine Freude zu machen, welche Gedanken Della sich um „ihren" Jim macht! Seit Monaten hat sie gespart. „Manche glückliche Stunde hatte sie damit verbracht, sich etwas Hübsches für ihn auszudenken. Etwas Schönes, Seltenes, Gediegenes – etwas, das wenigstens ein bisschen würdig gewesen wäre Jim zum Besitzer zu haben." Und wie schwer mag es Della gefallen sein, sich von ihrem „Besitztum", ihrem wunderschönen langen Haar, zu trennen. In der Geschichte heißt es: „Einen Augenblick noch zögerte sie, während eine oder zwei Tränen auf den abgetretenen Teppich fielen."

Und als Della erfahren hat, wie viel Geld sie für ihr Haar bekommen würde, lässt O.Henry sie sagen: „Schnell, geben Sie es mir." Schnell, damit dieser schwere Entschluss schnell zu einem Ende kommt und nicht rückgängig gemacht werden kann.

Und dann findet Della das Geschenk: „Sicher war es für Jim und keinen anderen gemacht." Diese Uhrkette empfindet sie als einmalig und unverwechselbar passend zu Jim. O.Henry deutet an, dass Liebende in bestimmten Bereichen über Gewissheiten verfügen: Della „wusste", dass Jim diese Kette bekommen musste, ein Wissen, das mit ihrer liebenden Wertschätzung Jims zusammenhängt: „Sie war wie er. Schlicht und edel – diese Bezeichnungen trafen auf beide zu."

Aber neben Gewissheiten gibt es selbstverständlich auch Ungewisses: Della kann natürlich nicht sicher sein, wie Jim auf das Abschneiden ihrer Haare reagiert. Als sie ihn kommen hört, hat sie Angst und flüstert: „Lieber Gott, mach, dass er mich immer noch hübsch findet!" Sie fragt ihn schließlich: „Magst du mich nicht trotzdem genauso gern? Ich bin doch auch ohne Haare ich, oder?"

O.Henry erzählt hier eine Liebesgeschichte, in der unter anderem deutlich wird, dass man Liebe sichtbar machen kann durch Liebeszeichen. Hier sind es Weihnachtsgeschenke, aber nicht irgendwelche, sondern diese Zeichen haben die beiden sich „abgerungen". Sie trennen sich von ihrem ganzen Stolz, opfern das, was ihnen in materieller Hinsicht am meisten am Herzen lag. In der Geschichte wird an der Person von Della gezeigt, dass sich nach dem Kauf des Geschenks nicht nur Freude einstellt; sie hat ja nicht nur ihre Haare, sondern auch etwas von ihrem Aussehen geopfert, was ihr natürlich Angst machen muss.

Aber die Geschichte geht gut aus, weil sowohl Della als auch Jim erkennen, wie sehr beide sich bemüht haben, einander eine Freude zu machen, weiß Gott nicht leichthin, sondern indem sie in diesen Geschenken ein Stück von sich selbst verschenken.

Dadurch, dass solche Geschenke sich in Liebeszeichen verwandeln, werden sie nicht wertlos, auch wenn sie (zumindest im Moment) nicht genutzt werden können; sie werden eigentlich noch wertvoller.

Della freut sich offensichtlich nicht nur, sondern sie will, von sich wegdenkend, Jim Trost spenden, nachdem sie die Kämme an ihr Herz gedrückt hat: „Meine Haare wachsen ja so rasch, Jim."

Die Aussage von Jim am Ende der Geschichte könnte auch als ein liebevoller Trost für Della verstanden werden, wenn er von den Geschenken sagt: „Sie sind zu schön, als dass wir sie gleich benützen könnten." Und der Satz „Jetzt glaube ich, wäre es Zeit, die Koteletts aufs Feuer zu stellen" kann nur als Hinweis gedeutet werden, dass das Geschenk in seiner Bedeutung „angekommen" ist und Jim sein „Wesen" verstanden hat.

In seinem „Nachwort" nimmt O.Henry eine eindeutige Wertung vor und stellt generalisierend über Menschen fest, die sich so verhalten wie Della und Jim: „Von allen, die schenken und beschenkt werden, sind ihresgleichen am weisesten. Immer und überall. Sie sind die Könige."

2.3.3 Didaktisch-methodische Anmerkungen

Wenn die Lehrperson den Text darbietet, sollte zunächst die Überschrift weggelassen werden. Ferner empfiehlt es sich sehr, zunächst das „Nachwort" von O.Henry, in dem er seine „philosophische" Wertung ausspricht, wegzulassen. Die Frage, die das Unterrichtsgespräch zu strukturieren und den zentralen Sinngehalt der Geschichte zu erschließen hilft, könnte lauten: „Sind die Geschenke von Della und von Jim sinnlos?"

Alternativ sind folgende Impulse der Lehrperson für den Einstieg in ein Unterrichtsgespräch nach meinen Erfahrungen hilfreich: „Nun sind die Geschenke also sinnlos" oder „Jim macht sich nichts daraus, dass die Geschenke nicht zu gebrauchen sind".

Die zu erarbeitenden Kerngedanken sind in den „Anmerkungen zum Text" angesprochen. Diese Kerngedanken spiegeln sich auch in den folgenden orientierenden Fragen wider:

- Warum will Della, obwohl sie nur ganz wenig Geld hat, Jim unbedingt ein Weihnachtsgeschenk machen?
- Was soll das für ein Geschenk sein?
- Woher weiß sie, welches Geschenk es sein sollte?
- Was ist das eigentlich, was Della abgibt, um das Geschenk für Jim zu ermöglichen?
- Woran kann man erkennen, dass der Entschluss von Della nicht leicht war?
- Was hilft Della, das „richtige" Geschenk für Jim zu finden?
- Was ist ihrer Meinung nach das „richtige" Geschenk?
- Welche Sorge hat Della, als sie auf Jim wartet, welche Sorge bei seiner Ankunft?
- Woran kann man erkennen, dass sie Ängste hat?
- Wie reagiert Jim darauf, dass Della ihr Haar hat abschneiden lassen?
- Was ist der vielleicht wichtigste Satz, den Della sagt, um Jim zu trösten?
- Wie reagiert Della, als sie Jims Geschenk bekommt?
- Warum sagt Jim am Schluss, es sei nun Zeit, die Koteletts auf Feuer zu stellen?

Selbstverständlich ist nicht daran gedacht, alle diese Fragen im Unterricht zu stellen. Es ist ohnehin besser, so weit wie möglich beim Unterrichtsgespräch mit entsprechenden Impulsen zu arbeiten, die das Gespräch weiterbringen.

Im übrigen kann die Lehrperson eine kurze Pause im Vorlesen des Textes an der Stelle einschieben, wo erzählt wird, dass Jim ins Zimmer kommt, um die Schülerinnen und Schülern zu motivieren, Vermutungen zu äußern, wie Jim wohl reagiert. Am Ende der Unterrichtseinheit sollte die oben genannte Leitfrage sinngemäß wie folgt beantwortet sein:

Sind die Geschenke von Della und von Jim sinnlos?

Die Geschenke sind nicht sinnlos, weil sie „starke" Zeichen der Liebe sind; in den Geschenken steckt viel mehr als der gegenständliche Wert. Diese Liebeszeichen sind deshalb besonders „stark", glaubwürdig oder „echt", weil die beiden Liebenden etwas dafür geopfert haben, nämlich sogar ihre einzigen Schätze.

Die Leitfrage und die gerade formulierten Antworten sollten in einer visuellen Präsentation festgehalten werden, die dazu beitragen kann, die Ergebnisse der Diskussion nachhaltig zu sichern.

Am Schluss sollte darauf hingewiesen werden, dass der Dichter O.Henry die drei Weisen aus dem Morgenland erwähnt, die nach der Weihnachtsgeschichte dem Christkind Geschenke gebracht haben. Zunächst deutet O.Henry nur an, dass Geschenke wie von Della und Jim nicht dabei waren. Die Überschrift der Geschichte „Das Geschenk der Weisen" kann man aber erst verstehen, wenn man das „Nachwort" heranzieht. Ein wenig ironisch stellt O.Henry fest, dass die Heiligen Drei Könige dem Kind in der Krippe weise Geschenke gemacht haben, die, falls schon vorhanden, auch umgetauscht werden konnten. Dann erwähnt er die „närrischen Kinder", nämlich Della und Jim, die „gar nicht weise, ihre größten Schätze geopfert haben". Dass diese Aussage nicht ernst gemeint ist, ersieht man in den Schlusssätzen dieses „Nachwortes": „Aber in meinem Schlusswort an die Weisen unserer Tage möchte ich sagen, dass von allen, die schenken, diese beiden am weisesten waren. Von allen, die schenken und beschenkt werden, sind ihresgleichen am weisesten. Immer und überall. Sie sind die Könige."

Ich möchte ergänzen: Und das nicht nur, weil sie unverwechselbare Liebeszeichen verschenken. Die Erfahrung zeigt, dass Liebe kein ungefährdeter „Dauerzustand" ist. Liebe, die erhalten bleiben soll, bedarf u.a. der „Bestätigung" durch die Liebenden, denn Liebe kann man nicht „wissen". Echte Liebeszeichen können hier einen wesentlichen Beitrag leisten. Den haben die Liebenden in der Geschichte von O.Henry ganz sicher erbracht.

2.4 Material zur Kurzgeschichte von Wolfgang Borchert:
„Vielleicht hat sie ein rosa Hemd"

(Wolfgang Borchert, *Das Gesamtwerk*, Rowohlt Taschenbuch Verlag, 2. Aufl. 2011, S. 240 – 242)

2.4.1 Inhaltsangabe

Timm und der andere sitzen auf einem Brückengeländer und beobachten die Leute, die vorbeikommen. Unter diesen Leuten ist auch eine junge Dame, die die Aufmerksamkeit der beiden jungen Männer, besonders aber die Timms, auf sich zieht. Timm meint, sie habe bestimmt ein rosa Hemd und erklärt auf die Einwände seines erstaunten Nachbarn hin, dass er in Russland einen Soldaten kennengelernt habe, der in seiner Brieftasche ein Stück rosa Stoff von seiner Braut hatte. Eines Tages habe er, Timm, seinem Kameraden das Stück Stoff weggenommen und es den anderen Soldaten gezeigt; dann habe er erklärt, dass dieses Stück von einem Frauenhemd sei. Die Soldaten hätten mindestens eine halbe Stunde gelacht und unanständige Dinge gesagt. Sein Kamerad habe das Stoffstück hinterher weggeworfen, und dann, schon am nächsten Tag, sei er gefallen. Der andere auf dem Brückengeländer kommentiert Timms Ausführungen mit dem Wort „Blödsinn". Timm stimmt zu, bemerkt aber, dass „es" doch komisch sei. Und dann zerdrückt er in seiner Hosentasche ein kleines Stück rosa Stoff.

2.4.2 Anmerkungen zum Text

Auch der vorliegende Text von Borchert ist eine Kurzgeschichte. Klaus Doderer charakterisiert diese Textgattung wie folgt: „Die K u r z g e s c h i c h t e will keine Handlung entwickeln, sondern eigentlich nur einen schicksalsentscheidenden Moment belichten. Damit hängt die Tatsache zusammen, daß wir oftmals abrupte Einsätze und Schlußformulierungen haben, im Grunde keinen Anfang und kein Ende vorfinden, sondern den Eindruck des scheinbar willkürlich herausgegriffenen Lebensausschnittes gewinnen können. So ist das Kunstprodukt Kurzgeschichte eifrig bemüht, das Leben, so wie es wirklich ist, in einen erzählbaren Ausschnitt oder in einige hintereinander montierte belichtete Momente einzufangen" (Doderer 1971).

In der Tat wird in der Kurzgeschichte „Vielleicht hat sie ein rosa Hemd" ein „schicksalsentscheidender Moment" durch die Erzählung von Timm „belichtet", ein Moment, der auch für Timm Folgen hat. Timm und „der andere", dessen Namen wir nicht erfahren, sitzen offenbar gelangweilt auf einem Brückengeländer. Die Situation wirkt trostlos: „Es regnete, es regnete nicht, es regnete" (a.a.O., S. 240). Die Aufmerksamkeit der beiden ist durch Nachwirkungen der Ausnahmesituation Krieg kanalisiert: „Und weil sie einen Krieg lang nur Männer gesehen hatten, sahen sie jetzt nur Mädchen" (S .240).

Man hat den Eindruck, dass es sich um recht raue Burschen handelt, die durch die Militärzeit und den Krieg abgestumpft worden sind. Im weiteren Verlauf jedoch wird deutlich, dass das für Timm keineswegs zutrifft. Vielmehr scheint ein Erlebnis in Russland in ihm eine neue Sensibilität gestiftet zu haben. Wir erfahren, dass er in Russland einen Kameraden traf, der ihm die „Sache" mit dem Stück rosa Stoff erzählte. Dieser Mann, dessen Name uns nicht genannt wird, vertraute Timm ein „Geheimnis" an, nachdem ihm das Stück Stoff aus der Brieftasche gefallen war: „In seiner Brieftasche hatte er immer son Stück rosa Zeug. Aber das ließ er nie sehen. Aber einen Tag fiel es auf die Erde. Da haben es alle gesehen. Aber gesagt hat er nichts. Nur angelaufen ist er. Wie das Stück Zeug. Ganz rosa. Abends hat er mir dann erzählt, das hätte er von seiner Braut" (S. 241).

Alle sahen das Stück; keinem sagte der Mann etwas, nur dem Timm. Und ausgerechnet der missbrauchte das ihm geschenkte Vertrauen: Er hielt das Stück Stoff hoch und verriet das Geheimnis

Was war das für ein Geheimnis, das der Mann zunächst für sich behielt und das dann durch Timm öffentlich gemacht und damit verraten wurde? Das Stück Stoff war für den Mann ein Zeichen, ein greifbares Zeichen für die Liebesbeziehung, die zwischen ihm und seiner Braut bestand. Das rosa Stoffstück war gleichsam greifbar gewordene Liebe und Bindung; es half ihm sozusagen zu überleben, nicht in dem Sinne, als wäre das Stoffstück ein „Zauberlappen" gewesen, sondern vielmehr in dem Sinne, dass es Brücke war zu seiner geliebten Braut und Zeichen, das auf einen tragenden Sinn verwies.

Am Verhalten des Mannes wird deutlich, dass Liebe und Liebeszeichen in einen Intimbereich gehören und nicht an die große Glocke gehängt werden dürfen.

Der Mann ließ das rosa Stück Stoff nie sehen. Erst Timm nahm dieses Zeichen aus dem bergenden Intimbereich heraus und gab es dem Zugriff der Unberufenen preis.

Für die anderen und für Timm hatte der rosa Stoff keine Zeichenfunktion; für sie war der rosa Stoffrest eben nur ein rosa Lappen, ein banales Hemdstück, verbunden mit den üblichen sexuellen Fantasien, obwohl Timm eine andere Sichtweise hätte haben müssen, weil der Mann sich ihm ja anvertraut hatte. Nachdem der rosa Stoff, einst Zeichen der Liebe und Bindung, zum Gegenstand des Gespötts geworden war, hatte er keine Bedeutung mehr für den Mann. Man kann sagen: Das Zeichen wurde missbraucht und entwertet, als es aus der Intimsphäre herausgerissen und in den Schmutz gezogen wurde.

Verlor der Mann dadurch seinen Lebensmut? Borchert schreibt jedenfalls: „Am nächsten Tag hat es ihn schon erwischt" (S. 241). Timm scheint einen Zusammenhang zu sehen zwischen dem Verlust des Liebeszeichens und dem Tod des Kameraden. Denn auf den Einwand des anderen auf dem Brückengeländer hin sagt Timm zwar: „Natürlich ist es Blödsinn. Das ist ja ganz klar. Das weiß ich auch." Er fügt dann aber hinzu: „Aber komisch ist es, weißt du, komisch ist es doch" (S. 241).

Der Tod des Kameraden muss in Timm eine Veränderung bewirkt haben. Er muss erkannt haben, dass das rosa Stoffstück gar nicht nur ein einfaches Stück Stoff war. Am Schluss der Kurzgeschichte erfahren wir, dass Timm das Stoffstück an sich genommen hatte. Es war für ihn zum Zeichen geworden, Ausdruck einer neuen Sichtweise und irgendwie auch zum Zeichen einer Bindung zwischen Timm und dem toten Kameraden.

Der andere auf der Brücke versteht offensichtlich nicht das, was Timm erkannt oder „erfühlt" hat. „Timm machte eine Faust in der Hosentasche. Dabei zerdrückte er etwas. Ein kleines Stück rosa Stoff" (S. 241, 242) schreibt Borchert am Schluss der Geschichte. Timm zeigte dem anderen dieses Zeichen also nicht, es ist Teil seines Geheimnisses geworden.

2.4.3 Zielorientierung

Übergreifendes Ziel

Die Schülerinnen und Schüler sollen den Zeichencharakter des rosa Stoffes, die Beziehungen zwischen den Menschen (Soldat, Braut, Timm, die anderen Soldaten, Timms Zuhörer) und die Bedeutung des Stoffstücks innerhalb der sozialen Beziehungen erkennen. Es soll herausgearbeitet werden, dass personale Beziehungen durch Verkennung der Zeichenbedeutung verletzt oder zerstört werden können. Die Antwort auf die zentrale Frage „Warum trägt Timm das Stück Stoff mit sich, warum ist es ihm so wichtig?" soll das wesentliche Ergebnis des Unterrichts sein.

Teilziele

1) Die Schülerinnen und Schüler erkennen die Verbindungs- oder Brückenfunktion des rosa Stoffes und identifizieren den Stoff als Zeichen der Bindung und Liebe zwischen dem Mann und seiner Braut.

2) An Textstellen wird belegt, dass das Stück Stoff als Liebeszeichen etwas ganz Persönliches ist, das in eine Intimsphäre gehört, die verletzbar ist: „In seiner Brieftasche hatte er immer son Stück rosa Zeug. Aber das ließ er nie sehen. Aber einen Tag fiel es auf die Erde. Da haben es alle gesehen. Aber gesagt hat er nichts. Nur angelaufen ist er" (a.a.O., S. 241).

3) Die Schülerinnen und Schüler erschließen, dass Timm den Zeichencharakter des Stoffes nicht erfasst oder erfassen will, dass er sich auf die Seite der anderen Soldaten schlägt (Motiv: persönliche Anerkennung, Stiftung einer „Lachgemeinschaft"?) und damit die „Vertrauensgemeinschaft" mit dem Mann verlässt.

4) Zur Verdeutlichung der verschiedenen „Welten", in denen sich die Soldaten und dann auch Timm gegenüber dem Mann und dessen Braut befinden, muss herausgestellt werden, dass die Soldaten nichts als den Stoff sehen, den sie mit ihren herkömmlichen Vorstellungen und entsprechenden Witzen in Verbindung bringen.

5) Dass der Stoff als Liebes- und Bindungszeichen aus dem intimen Bedeutungskreis herausgerissen wird, soll (sinngemäß) als „Entweihung", als In-den-Schmutz-Ziehen gedeutet werden, als Verwandlung des Zeichens in einen Lappen. Die Schülerinnen und Schüler sollen dieses Geschehen als Grund für die Reaktion des Mannes erkennen, der das Stoffstück nun wegwirft. Die Schülerinnen und Schüler sollen ferner unter Hinweis auf die

entsprechenden Textstellen anmerken, dass Timm trotz der Gegenrede des anderen auf dem Brückengeländer einen Zusammenhang zwischen dem Verlust des Zeichens und dem Tod des Mannes sieht: „ Ja, sagte er, er hat es weggeworfen, und dann hat es ihn erwischt. Am nächsten Tag hat es ihn schon erwischt... Natürlich ist es Blödsinn...Aber komisch ist es, weißt du, komisch ist es doch" (S. 241)).

6) Durch die Interpretation des Schlussteils der Geschichte soll erschlossen werden, dass Timm und der „Lappen" eine „Wandlung" durchmachen:
- Timm gewinnt ein neues Verständnis von der Funktion des Stoffes und erkennt den Wert, den das Stück des rosa Hemdes für den Kameraden hatte,
- und der Stoff wird erneut zum Zeichen, jetzt für Timm, nämlich zu einem neuen Zeichen, das die innere Verbindung zu dem toten Soldaten repräsentiert.

7) Die Schülerinnen und Schüler nennen zusätzliche Textstellen für die innere Veränderung Timms, der mit der Gewinnung der neuen Sichtweise auch ein positives „Bild" der (von ihm nicht real gesehenen) Braut aufbaut: „Und dann kam sie. Sie war ganz anders. Man hatte das Gefühl, sie müsse nach Pfirsich riechen. Oder nach ganz sauberer Haut... Vielleicht hat sie ein rosa Hemd, meinte Timm dann. Warum, sagte der andere. Doch, antwortete Timm, die so sind, die haben meistens ein rosa Hemd...Solche die haben rosane..." (S. 240, 241). In diesem Zusammenhang sollen die Schülerinnen und Schüler sagen, wie die Überschrift der Geschichte lauten könnte.

8) Die Schülerinnen und Schüler sollen schließlich erkennen, dass Timm das rosa Stoffstück nicht zeigt und „sein Geheimnis" nicht preisgibt, weil „der neben Timm" den Zeichencharakter nicht verstehen würde; der Zuhörer ist nicht nur räumlich neben Timm, sondern auch „neben" dessen Erfahrungs- oder Erkenntnisraum.

Die Textstellen „Sie sagten beide nichts" und „Sie lachten alle beide" (S. 241) sollen in der Weise gedeutet werden, dass die beiden äußerlich zwar in ihrem Verhalten übereinstimmen, dass aber die innere Begründung für dieses Verhalten bei beiden völlig verschieden ist.

2.4.4 Methodische Aspekte

Es empfiehlt sich besonders bei diesem Text aus Motivationsgründen eine eindrückliche Darbietung durch die Lehrperson, wobei die Überschrift weggelassen werden kann bzw. sollte. Ich möchte ferner vorschlagen, den Textvortrag nach der Stelle „Mindestens eine halbe Stunde haben wir gelacht. Und was die für Dinger gesagt haben, kannst du dir denken. Und da? fragte der neben Timm" (a.a.O., S. 241) zu unterbrechen; die Schülerinnen und Schüler sollen dadurch motiviert werden, Reaktionen des Mannes, der das Stück Stoff bei sich trug, zu antizipieren. Nach der erfolgten Darbietung des „Ausgangs" der Geschichte sollte eine Frage gewonnen werden, die das Unterrichtsgespräch strukturieren hilft und zum Sinnzentrum der Geschichte führt, evtl. im Anschluss an den Impuls: „Viel rosa war da nicht mehr dran..." (S.242). Die für die Unterrichtseinheit relevanten Stationen des Gesprächsverlaufs sind durch die Teilziele verdeutlicht.

Im Anschuss findet sich ein Vorschlag für eine optische Präsentation der Kernergebnisse an der Tafel oder mit Hilfe eines anderen Mediums.

Die für die Stunde angemessene Unterrichtsform scheint mir der Kreis zu sein, der zur Tafel hin geöffnet ist; er kann zu einer konzentrierten Gesprächsführung beitragen. Die Interpretation dieser sehr komplexen und „unter die Haut" gehenden Geschichte dürfte die Beibehaltung der Kreisform während des ganzen Unterrichts erfordern.

Folgende Fragestellungen sollen entweder im Gespräch oder z.B. in Individualarbeit bearbeitet werden (siehe auch Teilziel 8):

Im Text heißt es: „Sie lachten alle beide" (S. 241).

- Weshalb lacht der neben Timm?
- Weshalb lacht Timm?

2.4.5 Vorschlag für ein Tafelbild/ eine optische Präsentation

„Vielleicht hat sie ein rosa Hemd" (Wolfgang Borchert)

Warum trägt Timm das Stück rosa Stoff mit sich?
Warum ist es ihm so wichtig?

Soldaten sehen nichts als den Stoff.

Für den Mann ist der Stoff Zeichen der Liebe zu seiner Braut.

Timm sieht zunächst nicht die Bedeutung des Stoffs,
    er reißt das Zeichen aus seinem Intimbereich.
    Er trägt dazu bei, dass der rosa Stoff zum Lappen wird.
    Er sieht die Zeichenbedeutung erst nach dem Tod des Mannes.

Das rosa Stoffstück wird erneut zum Zeichen, jetzt für Timm. Es wird zum Zeichen der Erinnerung und Verbindung mit dem gefallenen Soldaten.

Deshalb trägt Timm das rosa Stoffstück mit sich.

2.5 Material zur Kurzgeschichte von Wolfgang Borchert:

„Stimmen sind da in der Luft – in der Nacht"

(Wolfgang Borchert, *Das Gesamtwerk*, Rowohlt Taschenbuch Verlag, 2. Aufl. 2011, S. 50 – 54)

2.5.1 Inhaltsangabe

Fünf Fahrgäste und ein Schaffner fahren mit einer Straßenbahn an einem nebligen Nachmittag im November. Zu den Fahrgästen gehören ein älterer Herr, eine alte Frau, zwei Mädchen und ein junger Mann, der sehr blass aussieht und zu schlafen scheint.

Der ältere Herr spricht immer wieder davon, nachts seien Stimmen in der Luft, sodass man nicht schlafen könne. Er wendet sich an die alte Frau, dann an den Schaffner, der schiefe Gesichter an die beschlagene Scheibe malt. Der Schaffner antwortet zustimmend, dass es natürlich besonders nachts allerhand Stimmen gebe.

Die beiden Mädchen kennen auch nächtliche Stimmen; sie denken an Berührungen durch fremde männliche Hände und schämen sich voreinander.

Der ältere Herr fährt fort und sagt nachdrücklich, die Stimmen nachts seien von den vielen Toten, die in den Herzen der Menschen Platz suchten, aber nicht fänden, weil die Herzen überfüllt seien. Er äußert, nur die Alten hätten inwendig Ohren und könnten die Stimmen der Toten hören, im Gegensatz zu den jungen Leuten, die dafür keine Ohren hätten und schlafen könnten. Dabei deutet er auf den jungen blassen Mann. Da schlägt dieser die Augen auf, geht auf den älteren Herrn zu und bittet ihn, ihm den Rest seiner Zigarette zu geben, weil ihm schlecht vor Hunger sei. Der ältere Herr fragt, ob er keinen Mantel habe, denn es sei November. Der junge Mann antwortet, dass er das wisse, weil seine Mutter, die schon drei Jahre tot sei, jeden Morgen zu ihm sage, er solle den Mantel anziehen.

Der junge Mann nimmt dann die Zigarette und verlässt die Bahn. Die anderen Fahrgäste halten den Atem an, und der Schaffner fährt fort, schiefe Gesichter an die Scheibe zu malen.

2.5.2 Anmerkungen zum Text

Wie schon eingangs erwähnt, spricht Borchert in seinen Kurzgeschichten nicht nur zu Zeitgenossen, zu Menschen, die den Krieg und die Zeit der Not nach dem Krieg miterlebt haben. Der Rahmen seiner Erzählungen ist zwar häufig die von ihm selbst durchlebte Zeit, aber die dargestellten Situationen und die in ihnen handelnden Menschen sind zeitlos. Das gilt auch für diesen Text, der Personen vorstellt, die sich teilweise -auf den ersten Blick- sehr ungewöhnlich verhalten: Der alte Mann, der die Stimmen von Toten hört und auf die Fahrgäste einredet; der Schaffner, der die ganze Zeit schiefe Gesichter auf die beschlagenen Fenster der Bahn malt und dabei sagt, es sei klar, dass Stimmen da seien, allerhand Stimmen, nachts besonders; der junge Mann, der scheinbar teilnahmslos in der Bahn sitzt, nichts zu hören scheint und plötzlich davon spricht, dass seine tote Mutter jeden Morgen mit ihm rede.

Bei näherem Hinsehen wird jedoch gerade an der Person des jungen Mannes der psychologische und menschliche Sachverhalt dessen deutlich, was es mit „inneren Stimmen" konkret auf sich haben kann. Man muss sich klarmachen, dass sich unsere Gedanken und Einfälle praktisch immer in Form von Sprache konkretisieren. Denken kann als inneres Sprechen verstanden werden. Gedanken und Einfälle, die in uns aufkommen und uns sozusagen als Zuspruch einer anderen Person erscheinen, haben ganz bestimmte Voraussetzungen. Solche „Stimmen" sind dann vernehmbar, wenn die Personen, die die Stimmen „verursachen", für den „Hörenden" bedeutsam geworden sind, wenn zwischen den „Sprechenden" und dem „Hörenden" eine innere Beziehung bzw. eine Bindung entstanden ist.

Für den alten Mann sind die vielen Toten des Krieges offenbar bedeutsam geworden. Es wird nicht konkretisiert, was die Toten „reden", wenn deren Stimmen „in der Luft" liegen, nachts, wenn es still ist und keine Ablenkung erfolgt. Aber: Welch eindrucksvolles Bild verwendet Borchert, wenn er den alten Mann sagen lässt, dass die Toten ein Herz suchten. Für den jungen Mann in Borcherts Text ist jedenfalls die sorgende Mutter konkret vernehmbar.

2.5.3 Zielorientierung

Übergreifende Zielbestimmung

Die Schülerinnen und Schüler sollen erkennen, dass „Stimmen" als besondere Art von Gedanken oder inneren Bildern verstanden werden können, die für den „Hörenden" im Zusammenhang mit bedeutsamen Situationen und Personen stehen. Das Wahrnehmen von Stimmen in Borcherts Text hat nichts mit wahn- oder krankhaften Vorgängen zu tun. Es soll herausgearbeitet werden, dass die „Stimmen" mit Ereignissen und Personen in der Vergangenheit verknüpft sind, aber in die Gegenwart hineinreichen und somit die Zeiten verbinden, wie an der Figur des blassen jungen Mannes deutlich wird. Die Stimme der toten Mutter ist für den jungen Mann jeden Morgen präsent und vernehmbar.

Die Schülerinnen und Schüler sollen erkennen, dass die Stimme der Mutter Ausdruck oder Beleg für eine fortbestehende Bindung zwischen Mutter und Sohn verstanden werden kann, die Voraussetzung für das „Vernehmen" der mütterlichen Stimme ist.

Teilziele

1) Schülerinnen und Schüler sollen herausstellen, dass der ältere Herr der hauptsächlich Handelnde in der Bahn ist. Im Vordergrund steht sein Reden über Stimmen, die nachts in der Luft sind.

2) Die Schülerinnen und Schüler sollen unter Bezugnahme auf den Text wiedergeben, wie die Zuhörer auf den älteren Herrn reagieren, als dieser anfängt, von den „Stimmen" zu sprechen, dabei aber noch nicht von den vielen Toten (des Zweiten Weltkrieges) redet:
Die alte Frau starrt erregt auf den hellen Zeigefinger des Mannes; die beiden Mädchen kichern und schämen sich voreinander; sie kennen konkret nächtliche Stimmen von Liebhabern; der Schaffner malt schiefe Gesichter an die Scheibe und entgegnet, es sei klar, dass es besonders nachts allerhand Stimmen gebe; der junge sehr blasse Mann am anderen Ende des Wagens hat die Augen zu, als ob er schliefe.
Angemerkt werden soll auch, dass niemand über den älteren Herrn lacht.

3) Im Unterrichtsgespräch soll von den Schülerinnen und Schülern aufgezeigt werden, wie der ältere Herr die Stimmen mit den „vielen vielen Toten" in Verbindung bringt: Der ältere Herr fragt die Zuhörer, ob sie wüssten, wer bzw. von wem die Stimmen in der Luft nachts seien; er gibt selbst nachdrücklich die Antwort, dass es die vielen Toten seien (a.a.O., S. 51).
Die Schülerinnen und Schüler äußern sinngemäß, dass der ältere Herr offenbar sehr von den Kriegsereignissen und den vielen Toten erschüttert ist.
Was die „Stimmen" konkret sagen, inwieweit die Toten sozusagen für ihn hörbar sind, erläutert der ältere Herr nicht. Vielleicht sind die „Stimmen" ein Ausdruck dafür, wie stark die Erinnerungen insbesondere nachts präsent sind.

4) Die Schülerinnen und Schüler sollen feststellen, inwiefern die Geschichte von Borchert eine überraschende Wendung nimmt:
Der ältere Herr, der glaubt, nur die Alten hätten „inwendig Ohren" (S. 53), um die Stimmen der Toten zu hören, hat sich offensichtlich geirrt: Der blasse junge Mann, der zu schlafen schien, macht deutlich, dass er sehr wohl „inwendig Ohren" hat, indem er mitteilt, was seine Mutter jeden Morgen zu ihm sagt, seine Mutter, die seit drei Jahren tot ist.
Die Schülerinnen und Schüler sollen schließen, dass der junge Mann damit bestätigt, dass seine Mutter „in seinem Herzen einen Platz" hat.

5) Die Schülerinnen und Schüler sollen sinngemäß formulieren, dass die Bindung zwischen der toten Mutter und dem jungen Mann offenbar fortbesteht und die Mutter sich immer noch als sorgende Person in seiner Erinnerung, in seinen Gedanken „bemerkbar" macht. Sie sollen verstehen, dass die „Stimmen" im Text von Borchert nichts mit „Spinnerei" oder Wahnvorstellungen zu tun haben.

6) Die „inwendigen Ohren" können im Unterrichtsgespräch als Hinweis auf die Fähigkeit interpretiert werden, menschliche Bindungen auch über den Tod hinaus wahrzunehmen oder zu fühlen.

7) Sofern die Schülerinnen und Schüler nicht schon früher auf das Verhalten des Schaffners zu sprechen ge-

kommen sind, soll darauf hingewiesen werden, dass er die ganze Zeit schiefe Gesichter an die Scheibe malt. Was könnte das bedeuten? Was sagt der Schaffner, nachdem der ältere Herr von den Stimmen gesprochen hat?

8) Abschließend sollen die Schülerinnen und Schüler äußern, was es wohl bedeutet, dass die Fahrgäste, nachdem der blasse junge Mann die Bahn verlassen hat, den Atem anhalten. Sinngemäß sollen sie äußern:
Der junge Mann hat sie betroffen gemacht, sie werden zu „Mitfühlenden", die ahnen, was in dem jungen Mann vorgeht.

Methodischer Hinweis: Als Impuls für den Einstieg in die Diskussion mit den Schülerinnen und Schülern kann vielleicht von der Lehrkraft die Textstelle wiederholt werden: „Und drinnen saßen die anderen und sie atmeten nicht" (S. 54).

2.6 Autobiographischer Text von Hubert Göbbels „Barbara oder: Gedanken über einen Engel"

Bevor ich heute zu dir gekommen bin, fand ich ein Blatt, auf dem du in der neunten Klasse etwas zu deinen Zukunftsvorstellungen geschrieben hattest. Das Blatt fand ich zufällig beim Aufräumen. Euer Lehrer hatte folgende Fragen vorgegeben, zu denen ihr Antworten geben solltet: „Wie stelle ich mir mein Leben in drei, sieben, zehn Jahren vor? Was willst du werden? Willst du immer berufstätig sein? Wie willst du deine Freizeit gestalten?"
Entschuldige bitte, dass ich das Blatt nicht einfach habe weglegen können. Ich fand deine Antworten einfach so interessant. Erinnerst du dich noch, was du geschrieben hast? Auf die Frage nach deinem Berufswunsch hast du geantwortet:
„Am liebsten würde ich Kinderkrankenschwester werden oder in die Babystation gehen."
Ob du immer berufstätig sein wollest, wusstest du damals noch nicht, meintest aber, dass das schon so sein könnte.
Und auf die Frage nach der Freizeitgestaltung hast du geantwortet: „Ich möchte mit den eigenen Kindern viel Zeit verbringen."

Ich finde, solche Antworten sagen ganz viel über den Charakter und das Gemüt eines Menschen aus.
Mir fällt ein: Als du etwa 12 Jahre alt warst, hast du in deiner Freizeit oft Geschichten erfunden und aufgeschrieben, in denen Tiere ein Abenteuer erlebten oder in schwierige Situationen kamen. Immer aber endeten die

Geschichten gut. Es gab unzählige Situationen, in denen du dein weiches Herz zeigtest.

Bei unserem letzten Italienurlaub, an den ich gerade wieder denken muss, hast du bei einem ganz heftigen Gewitter abends ein Katzenjunges vor einem sintflutartigen Regen gerettet. Das Junge hattest du morgens hinter einem Busch entdeckt. Es wies eine Anomalie auf; das Kätzchen hatte nur drei Beine.

Ich hätte dir den Mut, bei einem solchen Unwetter nach draußen zu gehen, nicht zugetraut!

Dein großes Thema war wohl durchgehend das Kümmern um Tiere und vor allem um Kinder, was ja auch in deinem Zukunftsplan zum Ausdruck kommt.

Und du, die du so ein feines Gespür hattest für Lebewesen, die Hilfe brauchten, kannst nicht mehr helfen. Ich stehe vor deinem Grab und trauere um dich, die du schon mit 16 Jahren gehen musstest. Ich kann immer noch nicht wirklich verstehen, dass du nicht mehr da bist.

Bis vor kurzem war dein Zimmer noch so, wie du es verlassen hattest. Wir wollten wohl auch auf diese Weise Erinnerungen festhalten.

Dein Zimmer war ein Stück Paradies für mich. Du hast dich hier wohl gefühlt, hast gespielt, deine Spielsachen aufbewahrt, deine Schulaufgaben gemacht. Hier habe ich dir vorgelesen und mit dir erzählt.

Über unsere gemeinsame Zeit habe ich viele Notizen gemacht, deine vielen humorvollen und geistreichen Aussprüche aufgeschrieben, vor allem seitdem ich wusste, dass du eine Krankheit hattest, die sich lebensbedrohlich entwickeln konnte. Du warst 6 Jahre, als wir von deiner Krankheit erfuhren.

Und ich habe festgehalten, was ich nach deinem Tod durchlebt, empfunden und gedacht habe. Der Respekt vor deiner Person gebietet es, dass ich hier in dieser Aufzeichnung, die –wenn ich so sagen darf – ein kleines Andenken an dich darstellen soll, nur bestimmte Erinnerungen und Gedanken wiedergebe.

Von Zeit zu Zeit nehme ich meine Notizen zur Hand, weil ich möglichst viel von dem, was unser gemeinsames Leben ausgemacht hat, nicht vergessen, sondern behalten oder vergegenwärtigen möchte. Aus dem Schreiben wurde ganz häufig ein Gespräch, denn ohne deine „Stimme" wären mir die Erinnerungen nicht so lebendig gekommen.

Liebe Barbara, du bist deinen Weg gegangen. Ich durfte dich begleiten, sogar bei deinem letzten Wegstück, durfte dich im Arm halten. Ich höre noch heute deinen letzten Atemzug. Wenn ich an die Ängste denke, die du vor deiner Operation durchlitten hast, oder wenn ich daran denke, wie tapfer du deinen Leidensweg in den letzten Wochen vor deinem Tod kurz vor Weihnachten gegangen bist, dann erfüllt mich immer wieder tiefer Schmerz. Aber keinen Tag möchte ich missen! Dein ganzes Leben war ein Geschenk. Du warst meine beste Freundin.

Wieso „warst"? Bist du mein Engel?

Ich schaue dein Bild auf meinem Schreibtisch an.

Du lächelst.

Weißt du mehr?

Schon als junges Kind zeigte Barbara eine besondere Sensibilität im sprachlichen Bereich. Feinste Nuancen nahm sie wahr, und sie hatte ein sehr feines Gespür, wenn es um menschliche Beziehungen ging.

Ich denke an einen Abend, als ich Barbara zu Bett gebracht hatte. In ihrer Stofftier-Sammlung war unter anderem ein Papagei, den Barbara sehr liebte. Ich wollte einen Scherz machen und sagte beim Herausgehen aus dem Zimmer, zu diesem Papagei gewandt: „Mach's gut, alter Junge!" Barbara entgegnete darauf hin ganz entsetzt: „Sag' nicht so was! Das hört sich ja so an, als würdest du ihn nicht wiedersehen!"

Mit Ende des 6. Schuljahres stand ein Klassenlehrerwechsel an. Barbara mochte ihren Klassenlehrer sehr, den sie im 5. und 6. Schuljahr gehabt hatte. Einige Monate nach dem Wechsel sagte Barbara, als wir wieder einmal auf die Schule zu sprechen kamen: „Heute habe ich unseren früheren Klassenlehrer wieder gesehen. Das ist komisch, wenn man ihn sieht, und er kommt dann nicht."

Ich glaubte, ihr Gefühl nachempfinden zu können, und ich dachte: Wie feinfühlig sie ist, wenn es um Situationen der Trennung oder des Abschiednehmens geht.

Ich erinnere mich an eine Begebenheit, etwa zwei Jahre vor ihrem Tod: Ich ging, nachdem Barbara zu Bett gegangen war, aus ihrem Zimmer und sagte nur einfach: „Tschüß!" Barbara darauf hin spontan: „ Aber nicht für immer!"

Was mag da wohl in ihrem Köpfchen vorgegangen sein?

Welch sensible Reaktionen! Wo kommen solche Gedanken her? Wo ist der Ursprung solch geistreicher Einfälle?

Als Barbara 14 Jahre war, besuchten wir bei einem Italienurlaub auch die Stadt Assisi. Barbara, die auch Messdienerin war, hatte schon einiges über den heiligen Franziskus gehört und kaufte ein rotes Amulett, auf dem Franziskus, umgeben von Tieren, dargestellt war. Unter anderem war ein Wolf zu sehen, über den Geschichten erzählen, dass der heilige Franz diesen in Gubbio gezähmt habe. Barbara mochte dieses Amulett sehr gern, und sie wollte es vom Pastor aus unserer Pfarre segnen lassen. Eines Sonntags fasste sie den Mut, ihn nach dem Gottesdienst anzusprechen.

Bei der anschließenden kleinen Zeremonie war ich dabei. Der Pastor fand das Amulett sehr schön. Er sprach ein Gebet und sagte: „Der heilige Franziskus hat einen wunderbaren Weg der Nachfolge Christi gefunden. Gott, segne dieses Abzeichen und gib, dass auch Barbara immer ihren Weg findet."

In den beiden folgenden Jahren waren wir ebenfalls im Sommerurlaub in Italien. Barbara kaufte sich nach einigem Überlegen in Assisi eine kleine Figur, die den hl. Franziskus darstellt, der einen Vogel in seinen Händen birgt und zu dessen Füßen ein Lamm liegt, das seinen Kopf an den Heiligen schmiegt. Die Figur sprach Barbara sehr an.

Im Jahr darauf – es war ihr Todesjahr – sah ich erneut eine wunderschöne Franziskusfigur, die ich anbot zu kaufen, um sie Barbara zu schenken. Barbara widersprach heftig und sagte, sie habe ja schon eine Figur, und die sei einmalig (!).

Das frühe Sterben eines Kindes ist für Eltern eine der schmerzlichsten Erfahrungen überhaupt; sie empfinden, dass die natürliche Abfolge der Ereignisse auf den Kopf gestellt wird und fragen nach dem Sinn.

Warum musste ein Kind wie Barbara so früh gehen, ein Mensch mit so positiven Eigenschaften, mit so viel Herz und Mitgefühl? Wie viel Gutes hätte Barbara tun können!

In gewisser Weise empfand ich Barbaras Tod auch als Auftrag, Hinweise auf Antworten nach dem Sinn zu suchen. Dabei fand ich nicht so sehr Trost in der Vorstellung, dass Barbara nun in einer anderen Welt, einer anderen Dimension leben könnte. Vielmehr war mir beim Rückblick auf Barbaras Leben die Überzeugung ganz wichtig, dass sie –wenn ich von den letzten Monaten ihres Leidensweges absehe- ein schönes Leben, ja sogar ein erfülltes Leben gehabt hat. Wie viel Geborgenheit hat Barbara erfahren? Wie viele wunderbare Reisen haben wir gemeinsam unternommen? Wie viele schöne Erlebnisse und wie viele glückliche Stunden hat sie uns geschenkt?

Mich bedrückte nur der Gedanke, dass ich ihren letzten Wunsch, wenige Tage vor ihrem Tod einmal nach Paris zu fahren, wegen ihrer körperlichen Schwäche nicht erfüllen konnte. Und sie hatte doch im Sommer angefangen, Französisch zu lernen! Der Gedanke, dass hier etwas unerfüllt geblieben ist, schmerzt mich noch heute.

Warum ist das so? Ist dieser unerfüllte Wunsch wichtig angesichts der Tatsache, dass auch die erfüllten Wünsche sozusagen „mit ins Grab" genommen worden sind?

Sind sie mit ins Grab genommen oder sind die Dinge, die Taten, die Erlebnisse und Ereignisse eines Lebenslaufes in irgendeiner Weise bewahrt?

Die Auseinandersetzung mit einem so ungeheuerlichen Ereignis wie dem Tod eines Kindes kann nicht zu einem wirklichen Ende kommen, damit kann man nicht „fertig werden". Es kann vielmehr sein, dass man die Sinnfrage, die Frage nach dem „letzten" Sinn des Lebens ganz neu stellt und dabei den bislang geglaubten „Grund" verliert. Wo ist ein letzter, unzweifelhafter Punkt, der Halt geben könnte?

Ganz neu erlebte ich vor einiger Zeit die Aussage eines Theologen, der die Frage, ob Jesus sich seiner Göttlichkeit bewusst gewesen sei, verneinte. Woher - um es so auszudrücken - bezog Jesus dann seine Gewissheiten?

Wie tragend, wie belastbar sind Intuitionen, Ahnungen, Evidenzerlebnisse, die wir Menschen haben? Gibt es nicht immer wieder Evidenzerlebnisse, die nicht Wahrheiten aufschlüsseln, sondern sich später als Irrtümer erweisen?

Die Theologen sagen auch, dass Gott die Naturgesetze nicht durchbricht. Andererseits geht der religiöse Mensch davon aus, dass ein „höheres Wesen" uns führen kann, nach seinem Plan, dass es so etwas wie eine Vorsehung gibt.

Mich bewegen tief die Aussagen des bedeutenden Psychologen Prof. Hans Thomae, der in einem Nachwort zu seinem Buch *Persönlichkeit. Eine dynamische Interpretation* (Thomae 1966) eine Bilanz zieht über die Natur des Menschen aufgrund der Beobachtung verschiedenster Lebensläufe. Es stelle sich die Frage, „…was nun ernst zu nehmen sei: das Glück oder das Leid, das Gelingen der wenigen oder das Scheitern so vieler, der Tod, der tausendfach jäh, sinnlos und einfach zerstörend hereinbricht, oder die Vollendung, zu der sich hier und da einmal ein Leben zu runden vermochte" (a.a.O., S.185-186).

In weiten Phasen der Auseinandersetzung mit Barbaras Tod trafen diese Aussagen mein Lebensgefühl, besonders die folgenden: „Im allgemeinen und abstrakt zwar wurden Tod und Leid oft genug bewältigt. Aber dies ist etwas anderes, ganz allgemein um ‚Ende' und ‚Scheitern' zu wissen – oder aber…zu sehen, wie Leben an ganz konkretem Ort, in ganz bestimmter Situation, angesichts umschriebener und wohl gekannter Erwartungen und Hoffnungen zu Ende geht" (a.a.O., S.186).

Wie Thomae in seiner Epikrise weiter schreibt, stünden uns nur „Behelfe" oder „Improvisationen" zur Verfügung, dem Tod zu begegnen, der „stets unvorhergesehen" sei, „…so sehr man um ihn ständig weiß und sich mit Waffen des Verstandes und Glaubens gegen ihn rüstet. Denn man erleidet ihn in jeder Phase des Daseins anders" (a.a.O., S. 187).

Sind diese Gedanken nicht – zumindest auch – eine starke Anfrage an das, was der religiöse Mensch „göttliche Vorsehung" nennt? Und die Aussage, der Zufall sei im Weltgeschehen vorgesehen, würde nicht weiterhelfen.

Dass wir die Fähigkeit zu Empathie haben, dass wir Mitgefühl, Mitleid, Trauer empfinden können, das ist vielleicht einer der letzten Gründe, einen übergreifenden Sinn im Weltgeschehen nicht auszuschließen.

Mich hat schließlich noch ein anderer Gedanke nachdenklich gemacht: Wenn es um die Frage geht, ob ich glaube, dass i c h nach dem Tod in irgendeiner Weise weiterlebe, laufe ich Gefahr, einem ich-bezogenen Wunschdenken zu erliegen.

Aber warum wünsche ich mir so sehr, dass Barbara in einer anderen Welt lebt, dass es ihr, von Zeit und Raum enthoben, gut geht?!

Die Tatsache, dass ich mit einem solchen Wunsch gewiss nicht allein stehe, dass Menschen, von sich wegdenkend, eine derartige Sehnsucht f ü r e i n e n a n d e r e n haben können, ist meines Erachtens nicht selbstverständlich. Wie gesagt, es ist ja kein Wunsch für mich, eine solche Sehnsucht schmerzt und ist kein Machwerk zur eigenen Beruhigung. Und solche Regungen können auch nicht als im Dienst der Evolution stehend interpretiert werden; sie lassen für mich keinen Überlebensvorteil erkennen.

Bemerkenswert scheint mir eine Stelle aus einem Brief des französischen Naturwissenschaftlers Louis Pasteur zu sein, der im Zusammenhang mit philosophischen Fragen seiner Zeit und bezüglich der Herleitung seiner eigenen Philosophie schrieb: „Meine Philosophie ist ganz eine solche des Herzens und nicht des Verstandes, und ich überlasse mich zum Beispiel derjenigen, die von so ursprünglich ewigen Gefühlen inspiriert wird, wie man sie am Bett eines geliebten Kindes empfindet, dessen letzten Atemzug man entweichen sieht. In einem solch herausragenden Augenblick gibt es etwas im Grunde unserer Seele, das uns sagt, dass die Welt nicht eine einfache Ansammlung von Phänomenen sein kann, einem me-

chanischen Gleichgewicht gehorchend, hervorgegangen
aus dem Chaos der Elemente, durch die schlichte Abfolge eines Kräftespiels der Materie" (Vallery-Radot 1994,
S.396, im Original französisch).

Wilhelm Willms würde dieser Intuition sicher zu-
stimmen. In einem seiner meditativen Gedichte (Willms
1989, S. 71) heißt es an einer Stelle:

„wer denkt
denn da für uns
jenseits
von ort und
zeit

und wir
sind die
antennen
für dieses
über-uns
bereit"

Was ist für uns letztlich als tiefster Sinn vernehmbar?

2.6.1 Fragen:

Wo drängen sich religiöse Zweifel auf?

Was spricht für die Existenz eines „höheren Wesens"?

In welchen Gedanken klingt die Hoffnung an, dass mit dem Tod nicht alles vorbei ist?

Wodurch wird Leben sinnvoll, auch wenn es nur kurz ist?

Nachwort

In diesem Buch war häufig die Rede von „Zeichen", die auf etwas verweisen, die über sich hinausweisen, vielleicht etwas Immaterielles „sichtbar" oder erkennbar werden lassen.

Der Fotoausschnitt auf der Vorderseite des Buches ist auch ein „Zeichen". Vielleicht muss man mehrmals hinschauen, um zu erkennen, dass eine Hand dargestellt ist, auf deren Innenfläche ein Vogel sitzt. Einen Vogel kann man kaum fassen, wenn man ihn nicht erschrecken oder ihm Leid antun will. Die dargestellte Hand fasst nicht, sie ist geöffnet.

Mir fiel beim Betrachten des Bildausschnittes ein, dass der Vogel Symbol für das Flüchtige und Scheue sein kann. Vielleicht für Gedanken, Einfälle, Sinngestalten? Zumindest Einfälle können kaum wirklich gefasst oder „gewollt" werden. Auch Sinngehalte kann man nur erschließen, manchmal nur erahnen. Diese Aussage gilt da, wo wir versuchen, uns in die Lage eines Menschen hineinzuversetzen und zunächst mit *seinen* Augen zu sehen, sie gilt auch bezogen auf uns selbst, wenn es darum geht, in einer Entscheidungssituation oder in der Auseinandersetzung mit einem „Schicksalsschlag" einen Sinngehalt oder einen tragenden Sinn zu erkennen. Wenn uns Sinngehalte erfahrbar werden sollen, bleibt nur, respektvoll darauf zu schauen, wie Menschen individuell ihr Dasein zu bestehen versuchen, und offen zu bleiben. In diesem Sinne könnte man die dargestellte Hand deuten, und die Ausführungen in diesem Buch wollten für dieses respektvolle Schauen Anregungen geben.

Literaturverzeichnis

Borchert, W. (2011): *Das Gesamtwerk*. Hamburg: Rowohlt
  Taschenbuch Verlag, 50 – 54, 237 – 239, 240 – 242,
  407 – 420.
Doderer, K. (1971): „Didaktische Überlegungen zur Fabel
  und Kurzgeschichte." In: *Literarische Erziehung in
  der Grund- und Hauptschule* (3. Auflage 1971).
  Frankfurt am Main / Berlin / München: Moritz
  Diesterweg, 34.
Ministerium für Schule und Weiterbildung Nordrhein-
  Westfalen (2008): *Sekundarstufe I. Kernlehrplan Prak-
  tische Philosophie*. Runderlass vom 6.5.2008, 9.
O.Henry (2010): *Das Geschenk der Weisen* (19. Auflage).
  München: Deutscher Taschenbuchverlag.
Störig, H.J. (1985): *Weltgeschichte der Philosophie*. Stuttgart:
  Kohlhammer, 361.
Thomae, H. (1960): *Der Mensch in der Entscheidung*. Mün-
  chen: Johann Ambrosius Barth.
Thomae, H. (1966): *Persönlichkeit. Eine dynamische Interpre-
  tation* (Nachdruck der 2. erweiterten Auflage).
  Bonn: H. Bouvier u. Co., 185 – 187.
Vallery-Radot M. (1994): *Pasteur*. Librairie Académique
  Perrin, 396.
Willms, W. (1989): *Ich möchte weinen wie ein Kind. Gedich-
  tetes*. Kevelaer: Verlag Butzon & Bercker, 71.

www.tredition.de

Über tredition

Der tredition Verlag wurde 2006 in Hamburg gegründet. Seitdem hat tredition Hunderte von Büchern veröffentlicht. Autoren können in wenigen leichten Schritten print-Books, e-Books und audio-Books publizieren. Der Verlag hat das Ziel, die beste und fairste Veröffentlichungsmöglichkeit für Autoren zu bieten.

tredition wurde mit der Erkenntnis gegründet, dass nur etwa jedes 200. bei Verlagen eingereichte Manuskript veröffentlicht wird. Dabei hat jedes Buch seinen Markt, also seine Leser. tredition sorgt dafür, dass für jedes Buch die Leserschaft auch erreicht wird

Autoren können das einzigartige Literatur-Netzwerk von tredition nutzen. Hier bieten zahlreiche Literatur-Partner (das sind Lektoren, Übersetzer, Hörbuchsprecher und Illustratoren) ihre Dienstleistung an, um Manuskripte zu verbessern oder die Vielfalt zu erhöhen. Autoren vereinbaren unabhängig von tredition mit Literatur-Partnern die Konditionen ihrer Zusammenarbeit und können gemeinsam am Erfolg des Buches partizipieren.

Das gesamte Verlagsprogramm von tredition ist bei allen stationären Buchhandlungen und Online-Buchhändlern wie z. B. Amazon erhältlich. e-Books stehen bei den führenden Online-Portalen (z. B. iBook-Store von Apple) zum Verkauf.

75

Seit 2009 bietet tredition sein Verlagskonzept auch als sogenanntes "White-Label" an. Das bedeutet, dass andere Personen oder Institutionen risikofrei und unkompliziert selbst zum Herausgeber von Büchern und Buchreihen unter eigener Marke werden können.

Mittlerweile zählen zahlreiche renommierte Unternehmen, Zeitschriften-, Zeitungs- und Buchverlage, Universitäten, Forschungseinrichtungen, Unternehmensberatungen zu den Kunden von tredition. Unter www.tredition-corporate.de bietet tredition vielfältige weitere Verlagsleistungen speziell für Geschäftskunden an.

tredition wurde mit mehreren Innovationspreisen ausgezeichnet, u. a. Webfuture Award und Innovationspreis der Buch-Digitale.

tredition ist Mitglied im Börsenverein des Deutschen Buchhandels.